絶対合格！

# 中国語検定 3級
## 頻出問題集

柴 森[著]

高橋書店

【ディスクのお取扱いについて】

ディスクをいつでも正常な音でお聴きいただくために、次のことにご注意ください

- ディスクの信号面（文字や絵柄のない裏面）には細かい信号が入っているため、静電気でほこりが付着しただけで音が出なくなる場合があります。ディスクをはじめて取り出すときには、ビニールについた接着剤が付着しないようご注意ください。万一、指紋、汚れ、傷などをつけた場合は、やわらかい布を水で湿らせ、内側から外側に向かって放射状に軽く拭き取ってからお使いください
- ディスクには表裏にかかわらず、ペンなどで記入したり、シールを添付したりしないでください
- ひび割れや変形したディスクは使わないでください。プレイヤーの故障原因となります
- 直射日光の当たるところや高温多湿の場所には保存しないでください

## Staff

編集協力：有限会社ポルタ（森村繁晴）、廖八鳴
本文デザイン・DTP：株式会社シーティーイー
校正：村中霞
本文イラスト：加納徳博
CD制作：財団法人英語教育協議会（ELEC）
ナレーション：中国語　凌慶成、李茜
　　　　　　　日本語　水月優希

# はじめに

　本書は、日本中国語検定協会が主催する中国語検定試験3級受験者を対象とした問題集です。日本において、中国語力をつけることの重要性は年々高まっています。中国語検定試験は、学習者の中国語力を客観的に判断するのに、信頼のおける資格だと言えるでしょう。

　本書では3級の試験の出題方法、よく出る単語や文型などを徹底分析し、それを最大限反映した内容の練習問題を収録しました。試験に沿った問題構成となっていますので、問題を解きながら実際の試験のレベルや解き方のコツがつかめ、3級レベルの実力を着実に身につけることができます。また、分野ごとの出題で、苦手分野も重点的に学習できます。

　試験では、筆記問題だけでなくリスニング問題が半分を占め、重要な要素となっています。また、試験にかぎらず中国語を学習していくうえで、リスニングは最優先されなければなりません。本書では、リスニング対策として本試験に即した形式の問題を豊富に収録しました。添付のCDで聞き取る力をつけてください。本文と例文を繰り返し聞いて、発音を覚えましょう。わからない単語や聞き取れない音があっても、何度も耳にして目にして慣れていくことが、中国語力をつける一番の方法です。暗唱と書き取りができるくらいまで練習しましょう。ある日、格段と力がついた自分に気づくはずです。

　また、学習した内容を、一問一答形式などで友達とやり取りし、発音をチェックし合うのもよいでしょう。一緒に学習する仲間がいることで、続けていく意欲も高まるものです。

　本書をご活用いただき、中国語検定試験の合格を手にしてください。そして、さらに上の級を受験する学習意欲を継続されることを願ってやみません。また、試験にとどまらず、より中国語を楽しんでいかれることを期待いたします。

　最後に、本書の編集・校正では、多くの方々にお世話になりました。心よりお礼申し上げます。

著者

# ■ 中国語検定試験について

## ● 中国語検定試験とは

　日本中国語検定協会が1981年から実施している中国語に関する検定試験です。準4級・4級・3級・2級・準1級・1級の6段階で、年3回、3月、6月、11月に実施されています（1級の1次試験は年1回、11月のみの実施）。
　本書は3級の試験内容に即した対策問題集です。

## ● 3級の試験概要　　　　　　　　　（日本中国語検定協会の試験概要より抜粋）

### ＊各級のレベル・出題内容

| 3級 | 中国語の一般的事項のマスター<br>基本的な文章を読み、書くことができること。簡単な日常会話ができること（学習時間200～300時間。一般大学の第2外国語における第2年度履修程度）。<br><br>［出題内容］<br>単語の意味、漢字のピンインへの表記がえ、ピンインの漢字への表記がえ。常用語1,000～2,000による中国語複文の日本語訳と日本語の中国語訳。 |
|---|---|

### ＊出題方式
　リスニング試験と筆記試験。マークシート方式と一部記述式。

### ＊試験時間・配点・合格基準点

| 試験時間 | 100分 |
|---|---|
| 配点 | 200点 |
| | リスニング　100点 |
| | 筆記　100点 |
| 合格基準点 | リスニング　65点 |
| | 筆記　65点 |

＊合否結果
　合否は試験実施後1か月程度で通知があります。また、ホームページにも解答と合格者受験番号が掲載されます。

## ●申し込み方法

　各試験日の2か月前の15日から前月15日（インターネットの場合は前月25日）までに、郵送またはインターネットで申し込みます。
　郵送で申し込む場合は、受験申込書を入手し必要事項を記入のうえ、支払証明書類を添えて日本中国語検定協会へ送付します。受験申込書は、協会のホームページから請求できます。また、一部書店、大学生協でも入手できます。
　インターネットから申し込む場合は、ＩＤ登録・証明写真データの準備をしたうえで、協会のホームページの入力フォームに必要事項を記入します。

※試験内容などは変わる場合があります。詳細は下記にご確認ください

### 日本中国語検定協会

〒103-8468　東京都中央区東日本橋 2-28-5 協和ビル4階
**TEL.**03-5846-9751　**FAX.**03-5846-9752
ホームページ：http://www.chuken.gr.jp/

# CONTENTS

中国語検定試験について ...... 4
本書の使い方 ...... 10

## 筆 記

### 第1章・語句と声調の組み合わせ
語句と声調の組み合わせ ...... 12

### 第2章・ピンイン表記
ピンイン表記 ...... 22

### 第3章・空欄補充
副　詞 ...... 28
助　詞（動態助詞・構造助詞・語気助詞） ...... 32
介　詞 ...... 36
量　詞 ...... 38
助動詞 ...... 40
補　語 ...... 42
連　詞（接続詞） ...... 46
その他 ...... 48

## 第4章 ・ 語順整序

- 時間量・動作量 ……………………………………… 52
- 連動文 ………………………………………………… 54
- 兼語文 ………………………………………………… 56
- 比較文 ………………………………………………… 58
- 「把」構文 …………………………………………… 60
- 受身文 ………………………………………………… 62
- 「连〜也/都」「一〜就」 …………………………… 64
- 「疑問詞＋也/都」「一〜＋也/都」 ……………… 66
- 「是〜的」・存現文 ………………………………… 68
- 「方向補語＋目的語」・二重目的語 ……………… 70

## 第5章 ・ 中文選択

- 中文選択 ……………………………………………… 74

## 第6章 ・ 長文読解

- 長文読解　問題［１］ ……………………………… 80
- 長文読解　問題［２］ ……………………………… 83
- 長文読解　問題［３］ ……………………………… 86
- 長文読解　問題［４］ ……………………………… 89

## 第7章 ・ 日文中訳

- 日文中訳 ……………………………………………… 94

# CONTENTS

## リスニング

### 第8章 • 一問一答
- **CD1 1▶5** 一問一答 …… 104
- **CD1 6▶10** 一問一答 …… 106
- **CD1 11▶15** 一問一答 …… 108
- **CD1 16▶20** 一問一答 …… 110

### 第9章 • ABA対話
- **CD1 21▶22** ABA対話 …… 114
- **CD1 23▶24** ABA対話 …… 116

### 第10章 • 内容理解
- **CD1 25▶36** 内容理解 問題[1] …… 120
- **CD1 37▶48** 内容理解 問題[2] …… 122
- **CD1 49▶60** 内容理解 問題[3] …… 124
- **CD1 61▶72** 内容理解 問題[4] …… 126
- **CD1 73▶84** 内容理解 問題[5] …… 128
- 内容理解全訳 …… 132

## 模擬試験

| | | |
|---|---|---|
| CDⅡ 1 ▶ 34 | リスニング | 136 |
| | 筆　記 | 138 |
| | 解答と解説 | 144 |

## 付　　　録

3級レベル文法事項のまとめ ……………… 156
間違えやすい簡体字ドリル ………………… 164

## 単　語

動　詞① …………………………………… 20
動　詞② …………………………………… 26
動　詞③ …………………………………… 50
接続詞など① ……………………………… 72
接続詞など② ……………………………… 78
名　詞① …………………………………… 92
名　詞② …………………………………… 102
名　詞③ …………………………………… 112
形容詞① …………………………………… 118
形容詞②・副詞 …………………………… 134

# 本書の使い方

本書は日本中国語検定協会の中国語検定試験の3級が1冊で対策できるようになっています。過去問題を徹底分析し、頻出問題を収録しているので、3級のレベルの実力を確実につけていくことができます。

## 第1～7章 筆記

本試験に沿った流れで練習問題を配列しています。基本的に各頁見開きで、問題と解答・解説を照合しやすくしています。また、選択肢の語句の意味や解答に結びつく部分、重要事項も同時にチェックできます。

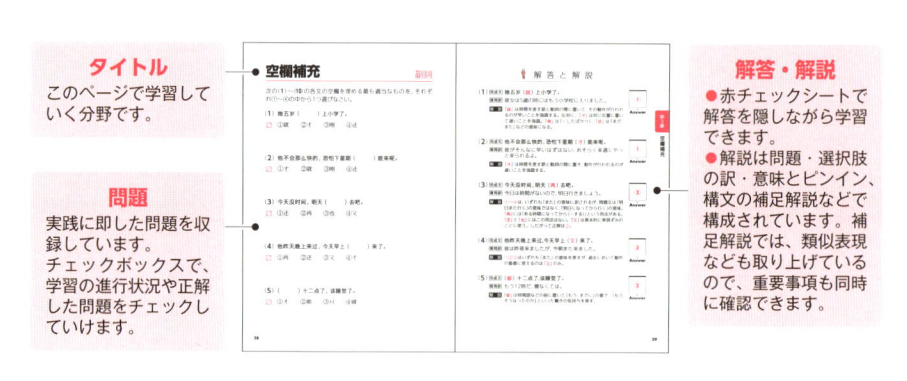

**タイトル**
このページで学習していく分野です。

**問題**
実践に即した問題を収録しています。チェックボックスで、学習の進行状況や正解した問題をチェックしていけます。

**解答・解説**
● 赤チェックシートで解答を隠しながら学習できます。
● 解説は問題・選択肢の訳・意味とピンイン、構文の補足解説などで構成されています。補足解説では、類似表現なども取り上げているので、重要事項も同時に確認できます。

## 第8～10章 リスニング

試験の半分に該当するリスニング試験も徹底対策できるように、練習問題を豊富に収録しました。添付のCDで本試験と同様の設問形式で学習できます（CDⅠには練習問題、CDⅡには模擬試験を収録）。

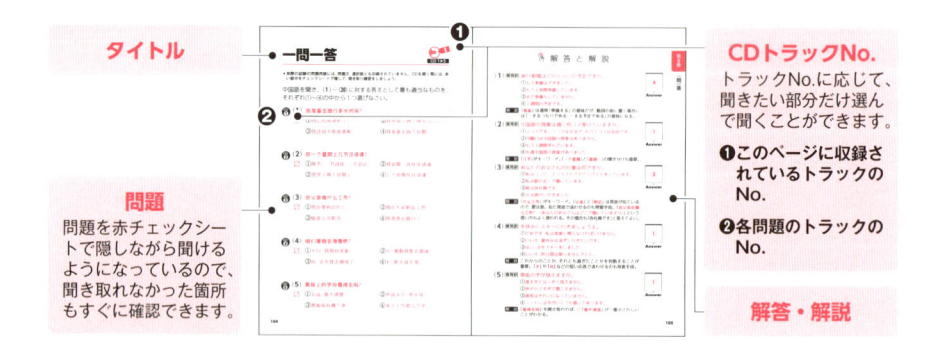

**タイトル**

**問題**
問題を赤チェックシートで隠しながら聞けるようになっているので、聞き取れなかった箇所もすぐに確認できます。

**CDトラックNo.**
トラックNo.に応じて、聞きたい部分だけ選んで聞くことができます。
❶このページに収録されているトラックのNo.
❷各問題のトラックのNo.

**解答・解説**

## 模擬試験

3級の本試験に即した形の模擬試験を収録しています。実力診断と試験形式に慣れていくことができます。

# [第 1 章]

## 語句と声調の組み合わせ

例示された声調と同様のものを選択肢から選ぶ問題です。声調を正確に覚えておかないと解答できません。単語の正しい声調をきちんと押さえておきましょう。

**筆 記**

CHUKEN
3RD GRADE

# 語句と声調の組み合わせ

次の(1)～(24)の単語と声調の組み合わせが同じものを、それぞれ①～④の中から1つ選びなさい。

(1) 帮助
☐ ①表示　②技术　③办法　④翻译

(2) 教育
☐ ①立刻　②愉快　③变成　④互相

(3) 邮票
☐ ①温度　②比赛　③常用　④进步

(4) 写信
☐ ①旅游　②有趣　③变化　④去世

(5) 读书
☐ ①电影　②原因　③大家　④填写

(6) 展览
☐ ①道理　②讨厌　③所有　④态度

# 解答と解説

**（1）帮助（bāngzhù）** 意味 助ける　　声調 第一声＋第四声
① 表示（biǎoshì）意味 表す　　② 技术（jìshù）意味 技術
③ 办法（bànfǎ）意味 方法　　④ 翻译（fānyì）意味 翻訳する

Answer ④

**（2）教育（jiàoyù）** 意味 教育　　声調 第四声＋第四声
① 立刻（lìkè）意味 すぐに　　② 愉快（yúkuài）意味 愉快な
③ 变成（biànchéng）意味 ～に変わる　　④ 互相（hùxiāng）意味 互いに

Answer ①

**（3）邮票（yóupiào）** 意味 切手　　声調 第二声＋第四声
① 温度（wēndù）意味 温度　　② 比赛（bǐsài）意味 試合
③ 常用（chángyòng）意味 よく用いる　　④ 进步（jìnbù）意味 進歩する

Answer ③

**（4）写信（xiěxìn）** 意味 手紙を書く　　声調 第三声＋第四声
① 旅游（lǚyóu）意味 観光旅行　　② 有趣（yǒuqù）意味 おもしろい
③ 变化（biànhuà）意味 変化　　④ 去世（qùshì）意味 亡くなる

Answer ②

**（5）读书（dúshū）** 意味 読書する、勉強する　　声調 第二声＋第一声
① 电影（diànyǐng）意味 映画　　② 原因（yuányīn）意味 原因
③ 大家（dàjiā）意味 みなさん　　④ 填写（tiánxiě）意味 書き込む

Answer ②

**（6）展览（zhǎnlǎn）** 意味 展示する　　声調 第三声＋第三声
① 道理（dàoli）意味 道理　　② 讨厌（tǎoyàn）意味 うっとうしい
③ 所有（suǒyǒu）意味 すべての　　④ 态度（tàidù）意味 態度

Answer ③

第1章　語句と声調の組み合わせ

# 語句と声調の組み合わせ

(7) 经常
☐ ①旅行　②未来　③汉语　④虽然

(8) 和平
☐ ①结束　②输入　③经验　④足球

(9) 随便
☐ ①农业　②真正　③按照　④进行

(10) 部分
☐ ①裙子　②地方　③窗户　④桌子

(11) 当然
☐ ①中间　②祖国　③工资　④科学

(12) 精彩
☐ ①共同　②开始　③感觉　④忽然

# 解 答 と 解 説

**(7)** 经常（jīngcháng）[意味] 普通、常づね　[声調] 第一声＋第二声
① 旅行（lǚxíng）[意味] 旅行する　② 未来（wèilái）[意味] 未来
③ 汉语（Hànyǔ）[意味] 中国語　④ 虽然（suīrán）[意味] 〜ではあるが

Answer ④

**(8)** 和平（hépíng）[意味] 平和　[声調] 第二声＋第二声
① 结束（jiéshù）[意味] 終了する　② 输入（shūrù）[意味] 入力する
③ 经验（jīngyàn）[意味] 経験　④ 足球（zúqiú）[意味] サッカー

Answer ④

**(9)** 随便（suíbiàn）[意味] 気軽だ　[声調] 第二声＋第四声
① 农业（nóngyè）[意味] 農業　② 真正（zhēnzhèng）[意味] 本当に
③ 按照（ànzhào）[意味] 〜のとおりに　④ 进行（jìnxíng）[意味] 行う

Answer ①

**(10)** 部分（bùfen）[意味] 部分　[声調] 第四声＋軽声
① 裙子（qúnzi）[意味] スカート　② 地方（dìfang）[意味] 所、地方
③ 窗户（chuānghu）[意味] 窓　④ 桌子（zhuōzi）[意味] テーブル

Answer ②

**(11)** 当然（dāngrán）[意味] もちろん　[声調] 第一声＋第二声
① 中间（zhōngjiān）[意味] まん中、間　② 祖国（zǔguó）[意味] 祖国
③ 工资（gōngzī）[意味] 給料　④ 科学（kēxué）[意味] 科学

Answer ④

**(12)** 精彩（jīngcǎi）[意味] すばらしい　[声調] 第一声＋第三声
① 共同（gòngtóng）[意味] 共に　② 开始（kāishǐ）[意味] 始める
③ 感觉（gǎnjué）[意味] 感じる　④ 忽然（hūrán）[意味] 不意に

Answer ②

第1章　語句と声調の組み合わせ

# 語句と声調の組み合わせ

(13) 同学
- ①篮球　②安排　③决定　④理由

(14) 文章
- ①教育　②单调　③房间　④阶段

(15) 最初
- ①动手　②认真　③短期　④工程

(16) 生产
- ①铅笔　②蛋糕　③控制　④答应

(17) 能够
- ①充满　②苹果　③公里　④无论

(18) 空气
- ①全部　②需要　③生活　④容易

## 解 答 と 解 説

**(13)** 同学（tóngxué）意味 クラスメート　声調 第二声＋第二声
① 篮球（lánqiú）意味 バスケットボール
② 安排（ānpái）意味 手はずを整える
③ 决定（juédìng）意味 決定する
④ 理由（lǐyóu）意味 理由

Answer ①

**(14)** 文章（wénzhāng）意味 文章　声調 第二声＋第一声
① 教育（jiàoyù）意味 教育　② 单调（dāndiào）意味 単調である
③ 房间（fángjiān）意味 部屋　④ 阶段（jiēduàn）意味 段階

Answer ③

**(15)** 最初（zuìchū）意味 最初　声調 第四声＋第一声
① 动手（dòngshǒu）意味 着手する　② 认真（rènzhēn）意味 まじめである
③ 短期（duǎnqī）意味 短期　④ 工程（gōngchéng）意味 工事

Answer ②

**(16)** 生产（shēngchǎn）意味 生産　声調 第一声＋第三声
① 铅笔（qiānbǐ）意味 鉛筆　② 蛋糕（dàngāo）意味 ケーキ
③ 控制（kòngzhì）意味 コントロールする　④ 答应（dāying）意味 承諾する

Answer ①

**(17)** 能够（nénggòu）意味 〜できる　声調 第二声＋第四声
① 充满（chōngmǎn）意味 満ちる　② 苹果（píngguǒ）意味 リンゴ
③ 公里（gōnglǐ）意味 キロメートル　④ 无论（wúlùn）意味 〜を問わず

Answer ④

**(18)** 空气（kōngqì）意味 空気　声調 第一声＋第四声
① 全部（quánbù）意味 全部　② 需要（xūyào）意味 必要である
③ 生活（shēnghuó）意味 生活　④ 容易（róngyì）意味 たやすい

Answer ②

## 語句と声調の組み合わせ

**(19)** 眼镜
☐ ①热情　②照相　③等待　④最近

**(20)** 羡慕
☐ ①负责　②掌握　③原谅　④宿舍

**(21)** 牛奶
☐ ①增加　②如果　③遇到　④发展

**(22)** 情况
☐ ①门票　②复习　③广播　④姑娘

**(23)** 计划
☐ ①公斤　②汽水　③轻松　④散步

**(24)** 法律
☐ ①亲爱　②前年　③鼓励　④大米

# 解答と解説

**(19)** 眼镜（yǎnjìng）[意味] 眼鏡　　　　　　[声調] 第三声＋第四声
① 热情（rèqíng）[意味] 親切である　② 照相（zhàoxiàng）[意味] 写真を撮る
③ 等待（děngdài）[意味] 待つ　　　　④ 最近（zuìjìn）[意味] 近ごろ

Answer ③

**(20)** 羡慕（xiànmù）[意味] うらやむ　　　　[声調] 第四声＋第四声
① 负责（fùzé）[意味] 責任を負う　② 掌握（zhǎngwò）[意味] 把握する
③ 原谅（yuánliàng）[意味] 許す　　④ 宿舍（sùshè）[意味] 寮

Answer ④

**(21)** 牛奶（niúnǎi）[意味] 牛乳　　　　　　[声調] 第二声＋第三声
① 增加（zēngjiā）[意味] 増える　② 如果（rúguǒ）[意味] もしも〜なら
③ 遇到（yùdào）[意味] 出くわす　④ 发展（fāzhǎn）[意味] 発展する

Answer ②

**(22)** 情况（qíngkuàng）[意味] 状況　　　　　[声調] 第二声＋第四声
① 门票（ménpiào）[意味] 入場券　② 复习（fùxí）[意味] 復習する
③ 广播（guǎngbō）[意味] 放送　　④ 姑娘（gūniang）[意味] 娘さん

Answer ①

**(23)** 计划（jìhuà）[意味] 計画する　　　　[声調] 第四声＋第四声
① 公斤（gōngjīn）[意味] キログラム　② 汽水（qìshuǐ）[意味] サイダー
③ 轻松（qīngsōng）[意味] 楽である　　④ 散步（sànbù）[意味] 散歩する

Answer ④

**(24)** 法律（fǎlǜ）[意味] 法律　　　　　　[声調] 第三声＋第四声
① 亲爱（qīnài）[意味] 親愛なる　② 前年（qiánnián）[意味] おととし
③ 鼓励（gǔlì）[意味] 励ます　　　④ 大米（dàmǐ）[意味] 米

Answer ③

第1章　語句と声調の組み合わせ

# 単語

**動詞①**

| | | | | | | |
|---|---|---|---|---|---|---|
| 爱惜 | àixī | 大切にする | | 出发 | chūfā | 出発する |
| 安排 | ānpái | 手はずを整える、計画する | | 出现 | chūxiàn | 現れる |
| 安心 | ānxīn | 安心する | | 出租 | chūzū | 貸し出す |
| 按 | àn | 押す、押さえる | | 创造 | chuàngzào | 創造する、生み出す |
| 摆 | bǎi | 並べる | | 吹 | chuī | 吹く |
| 拜访 | bàifǎng | 訪問する | | 催 | cuī | 催促する |
| 办公 | bàngōng | 事務を執る、執務する | | 存 | cún | 預ける、保存する |
| 保持 | bǎochí | 保持する、保つ | | 答应 | dāying | 承諾する |
| 保护 | bǎohù | 保護する | | 达到 | dádào | 達する |
| 保证 | bǎozhèng | 保証する、請け合う | | 打扮 | dǎban | 装う、着飾る |
| 报道 | bàodào | 報道する | | 打倒 | dǎdǎo | 打倒する |
| 报考 | bàokǎo | 出願する | | 打架 | dǎjià | けんかする |
| 抱 | bào | 抱える、抱く | | 打破 | dǎpò | 打破する、打ち破る |
| 抱歉 | bàoqiàn | すまなく思う | | 打听 | dǎtīng | 尋ねる |
| 避 | bì | 避ける | | 打针 | dǎzhēn | 注射する |
| 编辑 | biānjí | 編集する | | 戴 | dài | (帽子を)かぶる、身につける |
| 变化 | biànhuà | 変化する | | 代替 | dàitì | 代わりを務める、入れ替わる |
| 表达 | biǎodá | 表す、表現する | | 到达 | dàodá | 到達する、到着する |
| 表明 | biǎomíng | 表明する | | 道歉 | dàoqiàn | わびる |
| 表示 | biǎoshì | 示す、表す | | 登记 | dēngjì | 登録する、登記する |
| 表现 | biǎoxiàn | 表現する、表れる | | 颠倒 | diāndǎo | 逆さまにする |
| 表演 | biǎoyǎn | 出演する、演じる | | 调查 | diàochá | 調査する |
| 表扬 | biǎoyáng | ほめる、表彰する | | 订 | dìng | 予約する、取り決める |
| 不见 | bújiàn | なくなる | | 动身 | dòngshēn | 出発する |
| 布置 | bùzhì | 手はずを整える、配置する | | 端 | duān | (水平にして)持つ、ささげる |
| 猜 | cāi | 当てる、推量する | | 蹲 | dūn | しゃがむ、うずくまる |
| 踩 | cǎi | 踏む、踏みつける | | 躲 | duǒ | 隠れる |
| 采取 | cǎiqǔ | 取る、採用する | | 发表 | fābiǎo | 発表する |
| 产生 | chǎnshēng | 発生する、生じる | | 发达 | fādá | 発達する |
| 尝 | cháng | 味わう、体験する | | 发明 | fāmíng | 発明する |
| 超过 | chāoguò | 超える、上回る | | 发烧 | fāshāo | 熱が出る |
| 吵 | chǎo | けんかする | | 发言 | fāyán | 発言する |
| 吵架 | chǎojià | 口げんかする | | 翻 | fān | ひっくり返る |
| 称 | chēng | (目方を)はかる | | 反复 | fǎnfù | 繰り返す |
| 成就 | chéngjiù | 達成する、成し遂げる | | 放心 | fàngxīn | 安心する |
| 吃惊 | chījīng | 驚く | | 费 | fèi | 費やす |
| 冲 | chōng | 突き進む | | 分解 | fēnjiě | 分解する |
| 抽烟 | chōuyān | タバコを吸う | | 分离 | fēnlí | 分離する、分かれる |
| 出版 | chūbǎn | 出版する | | 分配 | fēnpèi | 分配する、割り当てる |
| 出差 | chūchāi | 出張する | | 分析 | fēnxī | 分析する |

[第 2 章]

# ピンイン表記

単語の正しいピンイン表記を選択肢から選ぶ問題です。第1章と同様に表記を正確に覚えていないと解答できません。3級レベルの単語の正しい表記をきちんと押さえておきましょう。

筆 記

CHUKEN
3RD GRADE

# ピンイン表記

次の(1)〜(20)の単語の正しいピンイン表記を、それぞれ①〜④の中から1つ選びなさい。

(1) 磁带
　□　① cútài　　② jítài　　③ cúdài　　④ cídài

(2) 自信
　□　① zùxìn　　② zùxìng　　③ zìxìng　　④ zìxìn

(3) 辅导
　□　① hǔtǎo　　② fǔtǎo　　③ fǔdǎo　　④ hǔdǎo

(4) 关照
　□　① kuānchào　　② guāngzhào　　③ guānzhào　　④ kānchào

(5) 大夫
　□　① dàifu　　② dàifū　　③ dàfù　　④ dàfǔ

(6) 舒服
　□　① xūfú　　② shūfu　　③ sūfū　　④ sīfù

(7) 联系
　□　① liángsù　　② liánxì　　③ liánxū　　④ liàngsí

(8) 录音
　□　① lǚyīng　　② rùyīn　　③ liùyīng　　④ lùyīn

(9) 面包
　□　① miànbāo　　② mènpāo　　③ miǎnbào　　④ miǎnpāo

(10) 内容
　□　① nàilóng　　② něiróng　　③ nèiróng　　④ néilóng

# 解答と解説

(**1**) 磁带（cídài）　[意味]　(録音・録画などの) 磁気テープ　**Answer: ④**

(**2**) 自信（zìxìn）　[意味]　自信を持つ　**Answer: ④**

(**3**) 辅导（fǔdǎo）　[意味]　指導する　**Answer: ③**

(**4**) 关照（guānzhào）　[意味]　世話をする　**Answer: ③**

(**5**) 大夫（dàifu）　[意味]　医者　**Answer: ①**

(**6**) 舒服（shūfu）　[意味]　気分がよい　**Answer: ②**

(**7**) 联系（liánxì）　[意味]　連絡する　**Answer: ②**

(**8**) 录音（lùyīn）　[意味]　録音　**Answer: ④**

(**9**) 面包（miànbāo）　[意味]　パン　**Answer: ①**

(**10**) 内容（nèiróng）　[意味]　内容、中身　**Answer: ③**

# ピンイン表記

**(11)** 脸色
☐ ① liǎngsù  ② liánsì  ③ liǎnsè  ④ liāngsù

**(12)** 暂时
☐ ① zàngshí  ② cànshí  ③ chànshí  ④ zànshí

**(13)** 杂志
☐ ① zájì  ② zázhì  ③ zháshì  ④ záshì

**(14)** 认识
☐ ① rènshi  ② lènshi  ③ rěngshí  ④ lènxì

**(15)** 困难
☐ ① kèngnan  ② kōngnan  ③ kùnnan  ④ kěnnan

**(16)** 班长
☐ ① bāngcháng  ② bānzhǎng  ③ pāncháng  ④ bāncháng

**(17)** 暖和
☐ ① nuǎnhuo  ② nǎnhé  ③ nuànhé  ④ nǎnhuò

**(18)** 使用
☐ ① xǐyào  ② shǐyòu  ③ shǐyòng  ④ sǐyùn

**(19)** 调查
☐ ① diàosá  ② tiáocá  ③ diàochá  ④ tiàosǎ

**(20)** 地址
☐ ① tìjǐ  ② dìshǐ  ③ tìchǐ  ④ dìzhǐ

## 解答と解説

(11) 脸色（liǎnsè） 意味 顔色、表情 ③ Answer

(12) 暂时（zànshí） 意味 一時的な、暫時の ④ Answer

(13) 杂志（zázhì） 意味 雑誌 ② Answer

(14) 认识（rènshi） 意味 知っている、認識する ① Answer

(15) 困难（kùnnan） 意味 難しい、困難な ③ Answer

(16) 班长（bānzhǎng） 意味 学級委員長、隊長 ② Answer

(17) 暖和（nuǎnhuo） 意味 暖かい ① Answer

(18) 使用（shǐyòng） 意味 使う、用いる ③ Answer

(19) 调查（diàochá） 意味 調査する ③ Answer

(20) 地址（dìzhǐ） 意味 住所、アドレス ④ Answer

# 単語 — 動詞②

| | | | | | | |
|---|---|---|---|---|---|---|
| 付 | fù | 支払う、払う | | 加入 | jiārù | 入れる、加入する |
| 负责 | fùzé | 責任を負う | | 坚持 | jiānchí | 堅持する、貫く |
| 改变 | gǎibiàn | 変える、変わる | | 检查 | jiǎnchá | 検査する、点検する |
| 改革 | gǎigé | 改革する | | 减少 | jiǎnshǎo | 減る、減少する |
| 感动 | gǎndòng | 感動する | | 检讨 | jiǎntǎo | 自己批判をする |
| 感激 | gǎnjī | 心から感謝する | | 建设 | jiànshè | 建設する |
| 感谢 | gǎnxiè | 感謝する | | 建议 | jiànyì | 提案する |
| 干活 | gànhuó | 働く | | 交换 | jiāohuàn | 交換する |
| 搞 | gǎo | する、従事する | | 交流 | jiāoliú | 交流する |
| 鼓励 | gǔlì | 激励する | | 接触 | jiēchù | 触れる、接触する |
| 刮 | guā | (ひげを)剃る、(風が)吹く | | 接待 | jiēdài | 接待する、受けつける |
| 挂 | guà | 掛ける | | 接近 | jiējìn | 接近する、近寄る |
| 拐 | guǎi | 曲がる | | 接受 | jiēshòu | 受け取る、受け入れる |
| 关照 | guānzhào | 世話をする | | 解决 | jiějué | 解決する、片づける |
| 管理 | guǎnlǐ | 管理する、運営する | | 经过 | jīngguò | 通過する、通る |
| 逛 | guàng | ぶらぶら歩く、散歩する | | 经验 | jīngyàn | 経験する、体験する |
| 跪 | guì | 伏せる、ひざまずく | | 进入 | jìnrù | 入る |
| 害怕 | hàipà | 怖がる | | 进行 | jìnxíng | 進める、行う |
| 喊 | hǎn | 呼ぶ | | 禁止 | jìnzhǐ | 禁止する |
| 合作 | hézuò | 協力する | | 救 | jiù | 救う |
| 呼吸 | hūxī | 呼吸する | | 卷 | juǎn | 巻く |
| 滑冰 | huábīng | スケートをする | | 决定 | juédìng | 決定する |
| 滑雪 | huáxuě | スキーをする | | 烤 | kǎo | あぶる、焼く |
| 恢复 | huīfù | 回復する | | 考虑 | kǎolǜ | 考える、考慮する |
| 回头 | huítóu | 振り返る、振り向く | | 靠 | kào | もたれる |
| 回想 | huíxiǎng | 回想する、思い出す | | 捆 | kǔn | 縛る、くくる、束ねる |
| 回忆 | huíyì | 思い出す、回想する | | 捞 | lāo | すくう、すくい上げる |
| 会见 | huìjiàn | 会見する | | 离开 | líkāi | 離れる |
| 会客 | huìkè | 客に会う | | 理发 | lǐfà | 散髪する |
| 会谈 | huìtán | 会談する | | 理解 | lǐjiě | 理解する |
| 活 | huó | 生きる | | 利用 | lìyòng | 利用する |
| 活动 | huódòng | 体を動かす、運動する | | 联合 | liánhé | 連合する |
| 挤 | jǐ | 押し合う、ぎっしりつまる | | 联络 | liánluò | 連絡を取る |
| 纪念 | jìniàn | 記念する | | 恋爱 | liàn'ài | 恋愛する |
| 记得 | jìde | 覚えている | | 量 | liáng | 量る |
| 记录 | jìlù | 記録する | | 晾 | liàng | 干す、乾かす |
| 计划 | jìhuà | 計画する | | 聊天儿 | liáotiānr | 世間話をする |
| 继续 | jìxù | 継続する | | 领导 | lǐngdǎo | 指導する |
| 加工 | jiāgōng | 加工する | | 录像 | lùxiàng | 録画する |

# [第3章]

# 空欄補充

選択肢から正しいものを選び、中国語文を完成させる問題です。副詞、助詞、介詞、補語など、文の成分ごとに、よく出るものをまとめて学習できるようになっています。意味と使い方について、押さえておきましょう。

筆 記

CHUKEN
3RD GRADE

# 空欄補充　　　　　　　　　　副詞

次の(1)〜(10)の各文の空欄を埋める最も適当なものを、それぞれ①〜④の中から1つ選びなさい。

(1) 她五岁（　　　）上小学了。
　①就　　②才　　③刚　　④还

(2) 他不会那么快的，恐怕下星期（　　　）能来呢。
　①才　　②就　　③刚　　④还

(3) 今天没时间，明天（　　　）去吧。
　①还　　②再　　③也　　④又

(4) 他昨天晚上来过，今天早上（　　　）来了。
　①再　　②还　　③又　　④才

(5) （　　　）十二点了，该睡觉了。
　①才　　②都　　③只　　④就

## 解答と解説

**（1）** [完成文] 她五岁（就）上小学了。

[質問訳] 彼女は5歳の時にはもう小学校に入りました。

[解説]「就」は時間を表す語と動詞の間に置いて、その動作が行われるのが早いことを強調する。反対に、「才」は同じ位置に置いて遅いことを強調。「刚」は「～したばかり」、「还」は「まだ、また」などの意味になる。

Answer **①**

**（2）** [完成文] 他不会那么快的,恐怕下星期（才）能来呢。

[質問訳] 彼がそんなに早いはずはない、おそらく来週にやっと来られるよ。

[解説]「才」は時間を表す語と動詞の間に置き、動作が行われるのが遅いことを強調する。

Answer **①**

**（3）** [完成文] 今天没时间,明天（再）去吧。

[質問訳] 今日は時間がないので、明日行きましょう。

[解説] ①～④は、いずれも「また」の意味に訳されるが、問題文は「明日また行く」の意味ではなく、「明日になってから行く」の意味。「再」には「ある時間になってから（～する）」という用法がある。「还」と「也」にはこの用法はない。「又」は基本的に実現ずみのことに使う。したがって正解は②。

Answer **②**

**（4）** [完成文] 他昨天晚上来过,今天早上（又）来了。

[質問訳] 彼は昨夜来ましたが、今朝また来ました。

[解説] ①②③はいずれも「また」の意味を表すが、過去において動作の重複に使えるのは「又」のみ。

Answer **③**

**（5）** [完成文]（都）十二点了,该睡觉了。

[質問訳] もう12時だ、寝なくては。

[解説]「都」は時間語などの前に置いて「もう、すでに」の意で、「もうそうなったのか」といった驚きの気持ちを表す。

Answer **②**

第3章 空欄補充

## 空欄補充　　　　　　　　　　　　　　　副詞

(6) 今天早上我什么（　　）没吃。
　☐　①也　　②就　　③再　　④才

(7) 我准备这个星期六（　　）星期天去。
　☐　①还是　　②或是　　③也是　　④就是

(8) 她法语说得比英语（　　）流利。
　☐　①很　　②不　　③太　　④还

(9) 末班车已经走了，我们（　　）坐出租车回来了。
　☐　①只好　　②只要　　③只会　　④只是

(10) 今天天气（　　）热
　☐　①一点儿　　②不是　　③比较　　④极了

# 解答と解説

**(6)** 完成文 今天早上我什么（**也**）没吃。

質問訳 今朝私は何も食べなかった。

解説 「疑問詞＋也/都」はすべてを肯定あるいは、否定する意味。すべてを肯定する場合には、「这事儿谁都知道（このことは誰もが知っている）」のようになる。

Answer ①

**(7)** 完成文 我准备这个星期六（**或是**）星期天去。

質問訳 私は今週の土曜日か日曜日に行くつもりです。

解説 「还是（それとも）」と「或是（＝或者）（あるいは）」は共に選択する場合に使うが、「还是」は疑問文に使うのに対し、「或是」は平叙文に使う。混同しやすいので要注意。

Answer ②

**(8)** 完成文 她法语说得比英语（**还**）流利。

質問訳 彼女のフランス語は英語より流暢（りゅうちょう）です。

解説 比較する程度を表すには「さらに、もっと」の意味の「还」や「更」は用いるが、「很」「太」「非常」などは使わない。「比〜」の後には通常、否定の「不」や「没」も来ない。

Answer ④

**(9)** 完成文 末班车已经走了，我们（**只好**）坐出租车回来了。

質問訳 終電が行ってしまったので、しかたなくタクシーで帰りました。

解説 「只好」は述語の前に置き、「〜するほかない」の意味を表す。「只要」は「〜さえすれば」、「只会」は「(習得したことについて)〜以外にはできない、(推測して)ただ〜になるだろう」、「只是」は「ただ〜だけだ」の意味になる。

Answer ①

**(10)** 完成文 今天天气（**比较**）热。

質問訳 今日は比較的暑いです。

解説 形容詞述語文の場合、「一点儿」「极了」は補語として形容詞の後ろに置くので「热」の前には来ない。また、動詞「是」は用いられない（英語や日本語の影響で「是」を使ってしまうことがあるので、要注意）。従ってここでは「比较」しか使えない。

Answer ③

# 空欄補充　助詞（動態助詞・構造助詞・語気助詞）

次の(1)～(10)の各文の空欄を埋める最も適当なものを、それぞれ①～④の中から1つ選びなさい。

(1) 下（　　）班，一起去喝杯咖啡吧？
　①了　②着　③的　④过

(2) 你看，他在门口儿那儿站（　　）呢。
　①了　②的　③着　④得

(3) 他高兴（　　）跟大家打招呼。
　①着　②得　③地　④的

(4) 他累（　　）躺下就睡着了。
　①了　②的　③地　④得

(5) 人不多，所以等（　　）时间不长。
　①的　②得　③着　④了

# 解答と解説

**(1)** [完成文] 下（**了**）班，一起去喝杯咖啡吧？

[質問訳] 仕事が終わったら、一緒にコーヒーを飲みに行きましょう。

[解説] 「了」は動詞の後につけて、動作の完了と実現を表す。問題文のように、「了」がカンマの前の文の動詞の直後に来る場合、「～したら、～してから」という意味になる。

Answer ①

**(2)** [完成文] 你看，他在门口儿那儿站（**着**）呢。

[質問訳] 見て、彼は入口のところに立っているよ。

[解説] 「着」は動作の後につけて動作または動作の行われた結果が持続していることを表す。「着」を伴って身体動作を表す一般的なものには他に「坐着（座る）」「躺着（横たわる）」「蹲着（しゃがむ）」などがある。

Answer ③

**(3)** [完成文] 他高兴（**地**）跟大家打招呼。

[質問訳] 彼はうれしそうにみんなに挨拶しています。

[解説] 形容詞や熟語を状語（連用修飾語）として使う場合、通常「地」を伴う。「得」は「说得很流利（話しかたが流暢である）」「看得懂（見てわかる）」のように様態補語あるいは可能補語に使う。「的」は「有意思的书（おもしろい本）」のように定語（連体修飾語）と名詞の間に使う。

Answer ③

**(4)** [完成文] 他累（**得**）躺下就睡着了。

[質問訳] 彼は疲れて横になったらすぐ眠ってしまいました。

[解説] 「躺下就睡着了」は「累」のありさまを具体的に描写する様態補語で、動詞との間には必ず助詞の「得」を伴う。

Answer ④

**(5)** [完成文] 人不多，所以等（**的**）时间不长。

[質問訳] 人が多くなかったので、待つ時間は長くありませんでした。

[解説] 動詞が名詞を修飾する場合、その間に「的」を入れる。

Answer ①

# 空欄補充  助詞 (動態助詞・構造助詞・語気助詞)

（6） 怎么办好（　　　）？
☐　①了　　②呢　　③吗　　④着

（7） 天气预报说明天下雨，所以我们不去公园（　　　）。
☐　①呢　　②过　　③得　　④了

（8） 他们正在打乒乓球（　　　）。
☐　①呢　　②的　　③过　　④了

（9） 别看书（　　　），快吃饭吧。
☐　①呢　　②了　　③着　　④的

（10） 下个星期就要期末考试（　　　）。
☐　①的　　②过　　③着　　④了

## 解答と解説

**(6)** [完成文] 怎么办好（呢）？
[質問訳] どうすればいいかな。
[解説] 「吗」を用いない疑問文の末尾には「呢」をつけて、答えを促すか、思いまどうような語気を表す。

Answer ②

**(7)** [完成文] 天气预报说明天下雨，所以我们不去公园（了）。
[質問訳] 天気予報は明日雨だというので、私たちは公園に行くのをやめます。
[解説] 「不～了」は「～することをやめる、～しないことにする」という意味。この「了」は変化を表す。

Answer ④

**(8)** [完成文] 他们正在打乒乓球（呢）。
[質問訳] 彼らは卓球をしています。
[解説] 動作の進行を表す場合は、文末に「呢」を伴うことが多い。「正在」「正」「在」などの副詞を伴わず、「他们打乒乓球呢」のように「呢」を伴うだけでも進行を表すことができる。

Answer ①

**(9)** [完成文] 别看书（了），快吃饭吧。
[質問訳] 本を読むのをやめて、早くご飯を食べなさい。
[解説] 「别～了」は「～することをやめて、～しないことにして」という意味。「不要～了」とも言う。

Answer ②

**(10)** [完成文] 下个星期就要期末考试（了）。
[質問訳] 来週はもう期末テストになります。
[解説] 「就要～了」は「もうすぐ～だ」の意味で、動作・行為の起こる時間が間近に迫っていることを表す。「就要」の前には時間を表す語を置くことが多いが、同じ意味の「快要～了」の前には時間を表す語は置かない。

Answer ④

# 空欄補充　　　　　　　　　　　　　介詞

次の(1)～(5)の各文の空欄を埋める最も適当なものを、それぞれ①～④の中から1つ選びなさい。

(1) 我每天早上都（　　　）那个商店门前经过。
　　①到　　②向　　③离　　④从

(2) 现在（　　　）放暑假还有二十多天。
　　①离　　②在　　③向　　④从

(3) 这是朋友从北京（　　　）我寄来的。
　　①到　　②给　　③向　　④对

(4) 这个问题（　　　）一年级学生太难了。
　　①向　　②和　　③跟　　④对

(5) 请代我（　　　）夫人问好。
　　①朝　　②往　　③对　　④向

# 解答と解説

**（1）** [完成文] 我每天早上都（从）那个商店门前经过。
[質問訳] 私は毎朝その店の前を通ります。
[解説] 「从」は動きの起点・出発点や経過点を示す。ここでは経過点を示している。「离」は2点間の隔たりを表す場合に使い、「到」は帰着点に、「向」は向かっている方向や対象に使う。

**Answer ④**

**（2）** [完成文] 现在（离）放暑假还有二十多天。
[質問訳] 今は夏休みまでまだ20日間あります。
[解説] 「离」は2つの時点の隔たりを言う場合にも使われる。「A時点＋离＋B時点＋有/不到＋時間」のような表し方で、A時点は「現在」の場合、よく省略される。

**Answer ①**

**（3）** [完成文] 这是朋友从北京（给）我寄来的。
[質問訳] これは友達が北京から私に送ってきたものです。
[解説] 「给」は受益者か与え先を表す語の前に使う。相手にものを与える場合、「〜に」に当たる介詞として「到」「对」「向」は使われない。

**Answer ②**

**（4）** [完成文] 这个问题（对）一年级学生太难了。
[質問訳] この問題は1年生にとっては難しすぎます。
[解説] 「对」は「〜に対して、〜にとって」、「和」と「跟」はある行為を共にする対象に使い、「向」は動作の向かう方向や対象を示す。

**Answer ④**

**（5）** [完成文] 请代我（向）夫人问好。
[質問訳] 私の代わりに奥さんによろしくお伝えください。
[解説] 正解の「向」はある対象に向かって「问好（ご機嫌をうかがう）」「请教（教えを請う）」など抽象的な動作を行う場合に使われる。「朝」はある方向に向いていることを表す場合に、「往」はある方向に向かって移動することを表す場合に、「对」はある対象に向かって「言う」や「笑う」場合に使われる。

**Answer ④**

# 空欄補充　　　　　　　　　量詞

次の(1)〜(5)の各文の空欄を埋める最も適当なものを、それぞれ①〜④の中から1つ選びなさい。

(1) 他家养了两（　　）猫。
　①羽　　②匹　　③只　　④条

(2) 今天买了一（　　）新皮鞋。
　①对　　②只　　③条　　④双

(3) 这（　　）事儿不能让她知道。
　①件　　②块　　③片　　④套

(4) 去年我回了三（　　）老家。
　①顿　　②下　　③遍　　④趟

(5) 他把课本的CD从头到尾听了一（　　）。
　①场　　②遍　　③趟　　④本

# 解 答 と 解 説

**（1）** [完成文] 他家养了两（只）猫。
[質問訳] 彼の家では2匹の猫を飼っています。
[解説] 動物を数える場合、ほとんどの哺乳類、禽類、昆虫類は「只」を使うが、馬やロバを数える場合には「匹」を、犬や蛇、魚と体形の細長い虫を数える場合には「条」を使う。「羽」は量詞ではない。

Answer ③

**（2）** [完成文] 今天买了一（双）新皮鞋。
[質問訳] 今日新しい革靴を1足買いました。
[解説] 身につけるものを数える場合、靴や靴下、手袋など洋服類で対のものは「双」、イヤリングなどアクセサリー類の対のものは「対」、それらの片方は「只」を使う。ズボンやスカート、下着などを数える場合は「条」を使う。

Answer ④

**（3）** [完成文] 这（件）事儿不能让她知道。
[質問訳] このことは彼女に知られてはいけません。
[解説] 事柄は「件」で数える。「块」は「石头（石）」「肥皂（石鹸）」など、かたまり状のものを数える。「片」は平らな形をしているもの、またはかけらになっているものを数える。「套」は「茶具（茶器）」「纪念邮票（記念切手）」などセットのものを数える。

Answer ①

**（4）** [完成文] 去年我回了三（趟）老家。
[質問訳] 昨年私は3回帰省しました。
[解説] 「趟」は行き来する回数を表す。「顿」は食事の回数や叱責の程度の強さなどを表す。「下」は手でものを押したり打ったりするなどの回数を表し、「ちょっと」の意味にも使う。「遍」は始めから終わりまで通しての1回を表す。

Answer ④

**（5）** [完成文] 他把课本的CD从头到尾听了一（遍）。
[質問訳] 彼はテキストの録音CDを始めから終わりまで1回聞きました。
[解説] 「场」は風雨、試合、病気、災害などの回数を表す。「遍」は始めから終わりまで通しての1回を表す。「趟」は行き来する回数を表す。「本」は本や雑誌を数える場合に使う。CDは「光盘」とも言う。

Answer ②

第3章　空欄補充

# 空欄補充　　　　　　　　　　助動詞

次の(1)〜(5)の各文の空欄を埋める最も適当なものを、それぞれ①〜④の中から1つ選びなさい。

(1) 今天你（　　　）开车吗？
　　①能　　②会　　③怎么　　④行

(2) 我一分钟差不多（　　　）打100个字。
　　①会　　②能　　③行　　④让

(3) 哎呀，都十一点了，我（　　　）回去了。
　　①会　　②得　　③还　　④又

(4) 老师，我想请两天假，（　　　）吗？
　　①能　　②会　　③可以　　④得

(5) 既然想考一个好大学，你就（　　　）更努力地学习。
　　①能　　②会　　③可以　　④应该

## 解答と解説

**(1)** [完成文] 今天你（能）开车吗？
[質問訳] 今日あなたは運転できますか。
[解説] 経験して、習得してできることは「会」、身体の能力や客観的な条件が許してできることは「能」で表す。ここでは「今天」という条件があるので「能」しか使えない。「行」は「大丈夫」の意味で「吗」の前の位置に来る。例「今天你开车行吗？（今日あなたは運転してもよいのですか）」

Answer ①

**(2)** [完成文] 我一分钟差不多（能）打100个字。
[質問訳] 私は1分間で100字くらい打てます。
[解説] 習得したことでも、どれくらいできるかと具体的に測る場合は「会」ではなく、「能」を使う。例「我会游泳，能游好几百米呢（私は何百メートルも泳げます）」

Answer ②

**(3)** [完成文] 哎呀，都十一点了，我（得）回去了。
[質問訳] おや、もう11時になった。帰らなくては。
[解説] 「得」は「～しなければならない」。ここでは、近い意味の「该」も使える。

Answer ②

**(4)** [完成文] 老师，我想请两天假，（可以）吗？
[質問訳] 先生、2日間の休暇をいただきたいのですが、よろしいでしょうか。
[解説] 許可をもらう場合、「～してもいいか」を表す「可以」が一番ふさわしい。「能」は「可以」と同様に使われることが多いが、「能吗？」とは言わない。

Answer ③

**(5)** [完成文] 既然想考一个好大学，你就（应该）更努力地学习。
[質問訳] いい大学に入りたいなら、あなたはもっと頑張らなければならない。
[解説] 「应该」は道理や人情から言って「～すべきである、～でなければならない」の意味。ここでは「得」「要」に言い換えることもできる。「能」「会」「可以」では通じない。

Answer ④

第3章 空欄補充

# 空欄補充

補語

次の(1)～(10)の各文の空欄を埋める最も適当なものを、それぞれ①～④の中から1つ選びなさい。

(1) 我找了好几天，终于找（　　）了。
  ①过　　②起　　③去　　④到

(2) 学过的生词都记（　　）了吗?
  ①住　　②进　　③到　　④在

(3) 要吃饭了，你把桌子上的东西都收拾（　　）吧。
  ①上来　　②下来　　③过来　　④起来

(4) 他玩儿（　　）游戏（　　），就什么也不顾了。
  ①上…来　　②起…来　　③下…去　　④过…去

(5) 这个工作还得继续做（　　）。
  ①上来　　②起来　　③下去　　④过去

## 解答と解説

**（1）** [完成文] 我找了好几天，终于找（到）了。
[質問訳] 何日も探しましたが、ようやく見つけました。

[解説] 結果補語「到」の用法のひとつは動作の目的が達成することを表す。「找到」の他に常用のものは「买到（買えた）」「看到（見えた）」「听到（聞こえた）」「见到（目にした）」などがある。

Answer ④

**（2）** [完成文] 学过的生词都记（住）了吗?
[質問訳] 習った単語は全部覚えましたか。

[解説] 結果補語の「住」は「しっかりと固定する」の意味で、ここでは「記憶に定着する」となる。「抓住（しっかりつかむ）」などもよく使われる例。

Answer ①

**（3）** [完成文] 要吃饭了，你把桌子上的东西都收拾（起来）吧。
[質問訳] もうすぐ食事だ。机にあるものを片づけなさい。

[解説] 「起来」は本来、動詞の後ろにつけて、「站起来」のように動きの方向を表す方向補語であるが、派生義をいくつか持っている。そのひとつとして「ばらばらのものが集まる」がある。

Answer ④

**（4）** [完成文] 他玩儿（起）游戏（来），就什么也不顾了。
[質問訳] 彼はゲームをやり始めると、他のことは全部そっちのけになってしまいます。

[解説] 「起来」のもうひとつの派生義は動作や状態の開始を表す。目的語は「起来」の間に挟む。「下起雨来了（雨が降り出した）」もよく使われる例。

Answer ②

**（5）** [完成文] 这个工作还得继续做（下去）。
[質問訳] この仕事はまだ続けてやっていかなければならない。

[解説] 方向補語「下去」の派生義は「今行っている動作はそのまま先まで続ける」で、よく「继续（継続する）」と一緒に使う。

Answer ③

第3章 空欄補充

## 空欄補充

補語

(6) 我跑了十几家书店，哪儿都买（　　　）。
　①不能　　②不起　　③不到　　④不好

(7) 路很远，当天恐怕（　　　）。
　①回不来　②下不来　③去不来　④起不来

(8) 好多年没见了，怎么也想不（　　　）她的名字了。
　①出来　　②上来　　③回来　　④起来

(9) 搬完了家，他们觉得累（　　　）。
　①非常　　②极了　　③十分　　④有点儿

(10) 今天我上课的时候困得（　　　）。
　①不得了　②极了　　③死了　　④非常

## 解 答 と 解 説

**(6)** [完成文] 我跑了十几家书店，哪儿都买（**不到**）。
[質問訳] 十数軒の書店を回ったが、どこにも置いていません。
[解説] 「买不到」は品物がないために買えない場合に使う。「买不起」はものの値段が高くて買えない場合に使う。「买不能」と「买不好」という言い方はない。

**Answer ③**

**(7)** [完成文] 路很远，当天恐怕（**回不来**）。
[質問訳] 遠いので、当日はおそらく戻れないでしょう。
[解説] 「回来」は「戻ってくる」で、その可能補語の形は「回得来」と「回不来」。「下不来」は「降りられない」、「起不来」は「起きられない」の意味。「去不来」という言い方はない。

**Answer ①**

**(8)** [完成文] 好多年没见了，怎么也想不（**起来**）她的名字了。
[質問訳] 何年も会っていないので、彼女の名前をどうしても思い出せなくなりました。
[解説] 「想起来（思い出す）」は慣用語。可能補語の肯定形と否定形は「想的起来」と「想不起来」。「想出来」の意味は「思いつく」。「想上来」と「想回来」という言い方はない。

**Answer ④**

**(9)** [完成文] 搬完了家，他们觉得累（**极了**）。
[質問訳] 引っ越しを終えて、彼らは非常に疲れました。
[解説] 「非常」「极了」「十分」はいずれも「非常に」と訳せるが、形容詞の後ろで程度補語になれるのは「极了」だけ。「有点儿」は「少し」の意味で、形容詞の前に置いて、不本意であることを表す。

**Answer ②**

**(10)** [完成文] 今天我上课的时候困得（**不得了**）。
[質問訳] 今日授業中、私はすごく眠かったです。
[解説] 4つの選択肢の中で、「非常」以外は全部程度補語として使えるが、「极了」と「死了」を使う場合には「得」は不要になる。

**Answer ①**

# 空欄補充　　　　連詞（接続詞）

次の(1)〜(5)の各文の空欄を埋める最も適当なものを、それぞれ①〜④の中から1つ選びなさい。

(1) 她（　　　）聪明，而且性格也好，大家都喜欢她。
　①不是　　②不但　　③所以　　④既然

(2) 不用去找她，（　　　）给她发个伊妹儿（　　　）行了。
　①只要…就　　　　②只有…才
　③虽然…但是　　　④一边…一边

(3) 不要（　　　）吃饭（　　　）看书。
　①越…越　　　　　②一边…一边
　③不但…而且　　　④不是…而是

(4) 她虽然很有钱，（　　　）没有时间。
　①所以　　②不但　　③而且　　④可是

(5) （　　　）不喜欢，（　　　）别吃了?
　①只要…就　　　　②如果…就
　③不但…还　　　　④只有…才

## 解答と解説

**(1)** [完成文] 她（不但）聪明，而且性格也好，大家都喜欢她。
[質問訳] 彼女は賢く、そのうえ性格もいいので、みんな彼女が好きです。
[解説] 「不但」と「而且」はよくセットで使い、「Aだけではなく、そのうえBでもある」を表す。「所以」は因果関係の結果を表す場合に使う。「既然」は「〜である以上」の意味。

Answer ②

**(2)** [完成文] 不用去找她，（只要）给她发个伊妹儿（就）行了。
[質問訳] 彼女を訪ねる必要はない、メールさえ送れば十分です。
[解説] 「只要…就」は「AさえすればBになる」、「只有…才」は「Aをしてからこそ、やっとBになる」、「虽然…但是」は「AではあるがしかしBである」、「一边…一边」は「Aをしながら、Bをする」。

Answer ①

**(3)** [完成文] 不要（一边）吃饭（一边）看书。
[質問訳] 食事をしながら本を読むのはやめなさい。
[解説] 「一边…一边」は「Aをしながら、Bをする」、「越…越」は「AをすればするほどBになる」、「不但…而且」は「Aばかりでなく、そのうえBでもある」、「不是…而是」は「AではなくBである」。

Answer ②

**(4)** [完成文] 她虽然很有钱，（可是）没有时间。
[質問訳] 彼女にはお金はあるけれど時間がありません。
[解説] 「虽然」は「可是」とセットで、「AではあるがBである」の意味。「可是」は「但是」「只是」「不过」などに言い換えることができる。

Answer ④

**(5)** [完成文] （如果）不喜欢，（就）别吃了？
[質問訳] 好きでないのなら、食べるのをやめれば？
[解説] 「如果…就」は「もしAならば、Bになる」、「只要…就」は「AさえすればBになる」、「不但…还」は「Aだけではなく、さらにBである」、「只有…才」は「Aをしてからこそ、やっとBになる」。

Answer ②

# 空欄補充　　　　その他

次の(1)～(5)の各文の空欄を埋める最も適当なものを、それぞれ①～④の中から1つ選びなさい。

(1) 她从小就开始学（　　）小提琴。
　　①拉　　②引　　③弹　　④演

(2) 附近有没有可以（　　）传真的地方?
　　①发　　②送　　③寄　　④出

(3) 那个电影我看过（　　）看过，可是内容完全记不得了。
　　①也　　②才　　③是　　④没

(4) 能不能告诉我这个单词（　　）念?
　　①什么　　②怎么　　③为什么　　④哪个

(5) 没想到今天（　　）冷。
　　①哪个　　②怎么　　③什么　　④这么

## 解答と解説

**（1）** [完成文] 她从小就开始学（拉）小提琴。

[質問訳] 彼女は小さいころからバイオリンを習っている。

[解説] 楽器において弓で弾く場合は「拉」を、弦または鍵を指ではじく場合は「弹」を使う。他の例としては「弹吉他（ギターを弾く）」「弹钢琴（ピアノを弾く）」など。ただし、アコーディオンは「拉」。

Answer ①

**（2）** [完成文] 附近有没有可以（发）传真的地方？

[質問訳] この近くにFAXを送れるところはありますか。

[解説] 電子メールやFAXなどを送る場合は「发」を使う。郵便局などを利用して郵便物を送る場合には「寄」を使う。例「寄包裹（小包を送る）」「寄钱（送金する）」手紙やはがきなどを「送り出す」という意味で「发」も使える。例「寄信（手紙を出す）」「发贺年卡（年賀状を送る）」「送」は主に郵便物を配達する意味に用いる。例「送信（手紙を届ける）」「送报纸（郵便を配達する）」

Answer ①

**（3）** [完成文] 那个电影我看过（是）看过，可是内容完全记不得了。

[質問訳] あの映画は見たけれど、内容はすっかり忘れてしまいました。

[解説] この文のパターンは「A是A…」のように「是」の前後に同じ語を使い、そして「可是」「但是」「不过」「只是」など逆接を表す語を続ける。「確かに～だけれども、～だ」の意味になる。

Answer ③

**（4）** [完成文] 能不能告诉我这个单词（怎么）念？

[質問訳] この単語をどう読むのか教えてくれませんか。

[解説] 「怎么」はこの文のように、方式を尋ねる以外に、「你昨天怎么没来？（昨日なぜ来なかったのか）」のように原因を尋ねる時にも使う。「什么」は「何」、「为什么」は「なぜ」、「哪个」は「どれ」を表す。

Answer ②

**（5）** [完成文] 没想到今天（这么）冷。

[質問訳] 今日がこんなに寒いとは思いませんでした。

[解説] 指示代名詞「这么」は形容詞の前に置いて、「こんなに、これほど」と、やや誇張ぎみの表現となる。「そんなに、それほど」は「那么」で表す。

Answer ④

第3章 空欄補充

# 単語 — 動詞③

| | | | | | | |
|---|---|---|---|---|---|---|
| 录音 | lùyīn | 録音する | | 摔 | shuāi | 倒れる、投げつける |
| 骂 | mà | 罵る | | 说服 | shuōfú | 説得する |
| 梦想 | mèngxiǎng | 渇望する、切望する | | 缩 | suō | 縮む、小さくなる |
| 摸 | mō | 触る、なでる、手探りする | | 所有 | suǒyǒu | 所有する |
| | | | | 逃 | táo | 逃げる |
| 闹 | nào | 騒ぐ | | 提供 | tígōng | 提供する |
| 弄 | nòng | する、行う | | 团结 | tuánjié | 団結する |
| 爬 | pá | はう、(山に)登る | | 托 | tuō | 頼む、委託する |
| 拍 | pāi | たたく、打つ | | 拖 | tuō | 引く、引っ張る |
| 派 | pài | 割り当てる、派遣する | | 挖 | wā | 掘る |
| 碰 | pèng | ぶつかる、出くわす | | 完成 | wánchéng | 完成する |
| 批判 | pīpàn | 批判する、批評する | | 微笑 | wēixiào | ほほえむ |
| 骗 | piàn | だます | | 握手 | wòshǒu | 握手する |
| 铺 | pū | のばす、広げる、敷く | | 羡慕 | xiànmù | 羨む |
| 沏 | qī | (お茶を)かける | | 相当 | xiāngdāng | 匹敵する |
| 牵 | qiān | 引く | | 响 | xiǎng | 音がする、音をたてる |
| 签订 | qiāndìng | 結ぶ、調印する | | 消费 | xiāofèi | 消費する |
| 敲 | qiāo | たたく | | 修理 | xiūlǐ | 修理する |
| 瞧 | qiáo | 見る、目を通す | | 需要 | xūyào | 必要とする、要る |
| 切 | qiē | 切る | | 宣传 | xuānchuán | 宣伝する |
| 请客 | qǐngkè | 客をもてなす、おごる | | 演奏 | yǎnzòu | 演奏する |
| 请求 | qǐngqiú | 頼む | | 仰 | yǎng | 仰ぐ |
| 庆祝 | qìngzhù | 祝う、祝賀する | | 摇 | yáo | 揺れる、揺り動かす |
| 认 | rèn | 見て知る、認める | | 要求 | yāoqiú | 要求する |
| 认为 | rènwéi | 〜と考える | | 咬 | yǎo | 噛む |
| 扔 | rēng | 放る、投げる | | 掌握 | zhǎngwò | 掌握する |
| 杀 | shā | 殺す | | 招待 | zhāodài | 招待する、もてなす |
| 伤心 | shāngxīn | 悲しむ | | 招呼 | zhāohu | 呼ぶ、呼びかける |
| 上网 | shàngwǎng | インターネットに接続する | | 整理 | zhěnglǐ | 整理する |
| 烧 | shāo | 焼く、燃やす | | 支持 | zhīchí | 支持する |
| 伸 | shēn | 伸ばす、広げる | | 指导 | zhǐdǎo | 指導する、導く |
| 生病 | shēngbìng | 病気になる | | 指示 | zhǐshì | 指示する |
| 生产 | shēngchǎn | 生産する | | 种 | zhòng | 植える |
| 生长 | shēngzhǎng | 育つ、成長する | | 祝贺 | zhùhè | 祝う |
| 失败 | shībài | 失敗する | | 追 | zhuī | 追いかける、追う |
| 失望 | shīwàng | 失望する、がっかりする | | 捉 | zhuō | つかまえる |
| 实践 | shíjiàn | 実践する、実行する | | 总结 | zǒngjié | まとめる |
| 实现 | shíxiàn | 実現する | | 尊敬 | zūnjìng | 尊敬する |
| 收拾 | shōushi | 片づける、整理する | | 遵守 | zūnshǒu | 守る |
| | | | | 做梦 | zuòmèng | 夢をみる |

# [第4章]

# 語順整序

選択肢を並べ替えて、正しい中国語文を作る問題です。連動文、兼語文、比較文など、構文ごとに、よく出るものをまとめて学習できるようになっています。文の構造を理解して、正確な語順を押さえておきましょう。

| 筆 記 |
|---|

CHUKEN
3RD GRADE

# 語順整序

時間量・動作量

次の文の語順を入れ替えると、[　]に入る語は何になりますか。①〜④の中から選びなさい。

（**1**）私たちは２時間テニスをしました。

☒　我们 _____ _____ [ _____ ] _____ 。
　　①打　　　②网球　　　③了　　　④两个小时

（**2**）私は彼を１時間探していました。

☒　我 [ _____ ] _____ _____ _____ 。
　　①他　　　②一个小时　③找　　　④了

（**3**）私はテキストをもう３回音読しました。

☒　我已经 _____ _____ [ _____ ] _____ 。
　　①了　　　②课文　　　③三遍　　　④念了

（**4**）私は週に３回アルバイトをします。

☒　我 _____ _____ [ _____ ] _____ 。
　　①三次　　②一个星期　③打　　　④工

（**5**）この薬は１日１回だけ飲みます。

☒　这个药 _____ _____ [ _____ ] _____ 。
　　①一次　　②一天　　　③吃　　　④只

## 解答と解説

**(1)** 中国語 我们打了［两个小时］网球。

解説 時間の量、動作の量は通常動詞の後ろに置き、目的語がついている場合はその前に置く。この場合、「了」は必ず動詞の直後に来る。「打了两个小时网球」は「打了两个小时的网球」とも言う。

Answer ④

**(2)** 中国語 我［找］了他一个小时。

解説 (1)と違い、目的語が代名詞の場合、時間の量や動作の量などの前に置く。

Answer ③

**(3)** 中国語 我已经念了三遍「课文」了。

解説 「動詞＋了＋量＋目的語＋了」の順になる。動詞と動量詞の後にそれぞれ「了」がついているのは、「(その動詞が表した)動作がまだ継続すること」「数量はさらに増えること」を意味する。

Answer ②

**(4)** 中国語 我一个星期打［三次］工。

解説 「一定時間内にある動作を○回する」という場合、その時間範囲を表す語は状況語として動作の前に置く。動作の回数は動詞と目的語の間に置く。

Answer ①

**(5)** 中国語 这个药一天只［吃］一次。

解説 「一天」は(4)②「一个星期」のように、状語として動詞の前に置く。「一次」は補語として動詞の後に、「只」は副詞で動詞「吃」の前に置くが、日本語の「1回だけ」の影響で「一次」の前に置きがちなので、要注意。

Answer ③

# 語順整序

連動文

次の文の語順を入れ替えると、[　]に入る語は何になりますか。①～④の中から選びなさい。

（**1**）私たちはスーパーマーケットに行って買い物がしたいです。
　☑　我们＿＿＿＿[＿＿＿＿]＿＿＿＿＿＿＿＿。
　　　①买东西　　②超市　　　③去　　　　④要

（**2**）私たちは地下鉄で天安門に行くつもりです。
　☑　我们＿＿＿＿[＿＿＿＿]＿＿＿＿＿＿＿＿。
　　　①天安门　　②乘地铁　　③打算　　　④去

（**3**）私が荷物を持つのをちょっと手伝ってください。
　☑　帮＿＿＿＿[＿＿＿＿]＿＿＿＿＿＿＿＿。
　　　①行李　　　②我　　　　③一下　　　④拿

（**4**）今日あなたを尋ねて来た人がいました。
　☑　今天＿＿＿＿[＿＿＿＿]＿＿＿＿＿＿＿＿。
　　　①找你　　　②来　　　　③一个人　　④有

（**5**）あなたは旅行に行く時間がありますか。
　☑　你＿＿＿＿[＿＿＿＿]＿＿＿＿＿＿＿＿吗?
　　　①旅行　　　②去　　　　③时间　　　④有

54

# 🚩 解 答 と 解 説

**(1)** 中国語 我们要［去］超市买东西。

**解説** 「去超市（スーパーマーケットに行く）→买东西（買い物をする）」のように、いくつかの動作が続いて行われる場合、語順はその動作の行われる順に並べていく。「〜したい」を表す「要」や「想」など助動詞は、行われる動作の前に来る。

**Answer ③**

**(2)** 中国語 我们打算［乘地铁］去天安门。

**解説** 動作の行われた順に並べていくということがこの文でよくわかる。もし「去天安门乘地铁」に順番を変えると、「天安門に行って地下鉄に乗る」という意味になる。英語のように手段を表す語を後ろに置きがちなので要注意。

**Answer ②**

**(3)** 中国語 帮我［拿］一下行李。

**解説** 「帮＋手伝う相手＋手伝う内容」の順で表す。動作の量を表す語「一下（ちょっと）」は動詞と目的語の間に置く。

**Answer ④**

**(4)** 中国語 今天有［一个人］来找你。

**解説** 「有/没有＋人/もの＋動詞句」の順で表す。この「有」の連動文は兼語文でもあり、つまり「一个人」は「有」の目的語と「来找你」の主語の二役を兼ねている。

**Answer ③**

**(5)** 中国語 你有［时间］去旅行吗？

**解説** 形は（4）と同じだが、兼語文ではない。「有」構文の働きはまず、ある人や物の存在を伝え、その後は、その人や物がどうするか、どうなるかを説明する。 例「我没有钱买电脑（私にはコンピューターを買うお金はない）」のような例もそれに当たる。

**Answer ③**

第4章 語順整序

# 語順整序

**兼語文**

次の文の語順を入れ替えると、[　]に入る語は何になりますか。①〜④の中から選びなさい。

（1）会社は彼を中国研修に派遣しました。

☐ 公司 ＿＿＿＿ ＿＿＿＿ [＿＿＿＿] ＿＿＿＿。
　　①进修　　②去中国　　③派　　④他

（2）お父さんは彼に手紙を1通出しに行かせました。

☐ 父亲 ＿＿＿＿ [＿＿＿＿] ＿＿＿＿ ＿＿＿＿。
　　①发一封信　　②他　　③去　　④叫

（3）両親は彼女に夜の外出をさせません。

☐ 父母 ＿＿＿＿ [＿＿＿＿] ＿＿＿＿ ＿＿＿＿。
　　①让　　②晚上出门　　③不　　④她

（4）よく考えさせてください。

☐ 请 ＿＿＿＿ ＿＿＿＿ [＿＿＿＿] ＿＿＿＿。
　　①好好儿　　②让　　③考虑一下　　④我

（5）私は張さんに山水画を1枚描いてもらいたいと思っています。

☐ 我想 [＿＿＿＿] ＿＿＿＿ ＿＿＿＿ ＿＿＿＿。
　　①老张　　　　　　②画一张山水画儿
　　③给我　　　　　　④请

# 🚩 解 答 と 解 説

**(1)** 中国語 公司派他［去中国］进修。

解説　「他」が前の動詞「派」の目的語と後ろの動詞句「去中国进修」の主語の二役を兼ねている兼語文になる。また、連動文の規則に従い、「派他（彼を派遣する）→去中国（中国に行く）→进修（研修を受ける）」と、動作の行われる順に並べている。

Answer ②

**(2)** 中国語 父亲叫［他］去发一封信。

解説　「〜にさせる」という言い方は中国語では「让/叫」などを使う兼語文で表現する。語順は「主語（指示者）＋让/叫（させる）＋兼語（実行者）＋動詞句（実行内容）」になる。

Answer ②

**(3)** 中国語 父母不［让］她晚上出门。

解説　「〜させない、〜させなかった」という場合は、否定の「不」か「没」を「让/叫」の前に置く。

Answer ①

**(4)** 中国語 请让我［好好儿］考虑一下。

解説　「好好儿（よく）」は状況語で動詞句「考虑一下」の前に置かれる。「〜させてください」の他の常用表現としては「让我看看（見せてください）」「让我试试（やらせてください）」「让我想想（考えさせてください）」「让我说两句（一言言わせてください）」などがある。

Answer ①

**(5)** 中国語 我想［请］老张给我画一张山水画儿。

解説　「〜してもらう、〜していただく」のような依頼の言い方も中国語では兼語文で表現する。「主語（依頼者）＋请（してもらう）＋兼語（依頼される者）＋動詞句（依頼内容）」の語順になる。「给我」は受益者を表す介詞（前置語）フレーズで、通常は動詞の前に置く。

Answer ④

第4章　語順整序

57

# 語順整序　　　　　　　　比較文

次の文の語順を入れ替えると、[　]に入る語は何になりますか。
①～④の中から選びなさい。

（**1**）弟は私より少し背が高いです。

☐　弟弟 _____ [ _____ ] _____ _____ 。
　　①一点儿　　②高　　③比　　④我

（**2**）今年の夏は去年よりもっと暑いです。

☐　今年夏天 _____ _____ [ _____ ] _____ 。
　　①热　　②还　　③比　　④去年夏天

（**3**）私が起床するのは彼ほど早くない。

☐　我起得 [ _____ ] _____ _____ _____ 。
　　①早　　②那么　　③他　　④没有

（**4**）このデパートの品物はあのデパートのものほど安くはありません。

☐　这家商场的东西 _____ [ _____ ] _____ _____ 。
　　①那家百货店的　　②不如
　　③还　　　　　　　④便宜

（**5**）彼女の考えは他の人と違います。

☐　她的想法 _____ _____ _____ [ _____ ]。
　　①一样　　②不　　③别人的　　④跟

# 解答と解説

(1) 中国語 弟弟比[我]高一点儿。

**解説** 「AはBより〜だ」は「A比B＋形容詞」で表す。比較した差の量は形容詞の後に置く。差が小さい場合は「一点儿」、大きい場合は「得多（多い）」か「多了（はなはだしい）」、具体的に言う場合は「三公分（3cm）」のようなものを置く。

Answer ④

(2) 中国語 今年夏天比去年夏天[还]热。

**解説** 「もっと暑い」は、形容詞の前に「还」や「更」など比較を表す副詞を置く。「很」や「太」、「非常」のような副詞は比較文に使えないので要注意。

Answer ②

(3) 中国語 我起得[没有]他那么早。

**解説** 「AはBほどではない」は「A没有B＋(那么)＋形容詞」で表す。比較文は様態補語がついている場合、「没有B」は述語動詞「起」の前と様態補語の標識「得」の後のどちらでもよく、「我没有他起得那么早」という語順でもよい。

Answer ④

(4) 中国語 这家商场的东西还[不如]那家百货店的便宜。

**解説** 「A没有B＋形容詞」は「A不如B＋形容詞」と言い換えることもできる。ただ、「AはB（のよさ）に及ばない」の場合、「不如」の文では形容詞を省略できるのに対して「没有」の文では省略できない。

Answer ②

(5) 中国語 她的想法跟别人的不[一样]。

**解説** 「AはBと同じ」は「A跟B一样」、「AはBと違う」は「A跟B不一样」になる。また、「AはBとほとんど同じ」は「A跟B差不多」で表す。

Answer ①

# 語順整序　　　　　「把」構文

次の文の語順を入れ替えると、[　]に入る語は何になりますか。
①〜④の中から選びなさい。

（**1**）花瓶は窓のところに置いたほうがいいですよ。

　☐　最好 _____ _____ _____ [ _____ ]。
　　　①把　　　②窗台上　　　③花瓶　　　④摆在

（**2**）必ず手をきれいに洗ってください。

　☐　一定要 _____ [ _____ ] _____ _____ 。
　　　①手　　　②把　　　③干净　　　④洗

（**3**）会議の件を忘れないでくださいよ。

　☐　你 _____ [ _____ ] _____ _____ 。
　　　①开会的事儿　②把　　　③忘了　　　④别

（**4**）彼はこのことを劉先生に言いませんでした。

　☐　他 _____ _____ [ _____ ] _____ 。
　　　①这件事儿　②没　　　③告诉刘老师　④把

（**5**）彼は古いパソコンを息子にあげるつもりです。

　☐　他要 _____ _____ [ _____ ] _____ 。
　　　①给　　　②儿子　　　③把　　　④旧电脑

# 解答と解説

**（1）** 中国語 最好把花瓶摆在［窗台上］。

解説 「把」構文はある特定な対象に、何らかの「処置」を加え、その処置方法またはその結果を表す。主語＋動詞＋目的語の語順と違い、本来の目的語に当たる動作の対象は介詞「把」によって動詞の前に導く。従って「把＋動作の対象＋動詞＋動作の結果など表す語」の順になる。

Answer ②

**（2）** 中国語 一定要把［手］洗干净。

解説 通常、副詞や助動詞は「把」の前に置く。

Answer ①

**（3）** 中国語 你别［把］开会的事儿忘了。

解説 否定の「不/没」や禁止の「别/不要」は必ず「把」の前に置く。

Answer ②

**（4）** 中国語 他没把［这件事儿］告诉刘老师。

解説 「把」構文に「裸の動詞」は禁物。動詞の後にさまざまなものを伴うが、間接目的語もそのひとつである。

Answer ①

**（5）** 中国語 他要把旧电脑［给］儿子。

解説 （4）に同じ。

Answer ①

# 語順整序

**受身文**

次の文の語順を入れ替えると、[　]に入る語は何になりますか。①〜④の中から選びなさい。

（**1**）私の見たい参考書はすべて借りられていました。

☑ 我 _____ _____ [　　　] _____ 。
　　①被　　　②想看的参考书　③都　　　　④借走了

（**2**）彼女は遅刻して、先生にひどく叱られました。

☑ 她迟到了, _____ _____ [　　　] _____ 。
　　①一顿　　　②批评了　　　③老师　　　　④被

（**3**）コンピューターは（落として）壊されてはいません。

☑ 电脑 _____ _____ [　　　] _____ 。
　　①摔　　　②被　　　　③坏　　　　④没

（**4**）王さんの帽子は強い風に吹き飛ばされました。

☑ 小王的帽子 _____ [　　　] _____ _____ 了。
　　①大风　　　②刮　　　　③跑　　　　④让

（**5**）彼は辞書を寮に忘れてしまいました。

☑ 词典 _____ _____ [　　　] _____ 了。
　　①宿舍里　　②叫　　　　③他　　　　④忘在

62

# 解答と解説

**(1)** 中国語 我想看的参考书都［被］借走了。
**解説** 受身文の語順は「動作を受けるもの＋被/叫/让（受身の標識）＋動作を実行するもの＋動詞句」になる。副詞「都」は「被」の前に置かれる。

Answer ①

**(2)** 中国語 她迟到了，被老师［批评了］一顿。
**解説** 「一顿」は動作の量で、ここは叱る程度の強さを表し、動詞の後に置く。この文は「挨了老师（的）一顿批评」と言うこともできるが、これは受身文ではない。

Answer ②

**(3)** 中国語 电脑没被［摔］坏。
**解説** 否定の場合、否定語は受身の標識「被」の前に置く。動作の実行者を明らかにする必要がない場合、あるいは明らかにしたくない場合、「被」の文ではその実行者を省略することができる。

Answer ①

**(4)** 中国語 小王的帽子让［大风］刮跑了。
**解説** 受身の標識は「让」で、（3）のように実行者を省略してはいけない。「× 小王的帽子让刮跑了」（「让」は兼語文もあるので要注意。）

Answer ①

**(5)** 中国語 词典叫他［忘在］宿舍里了。
**解説** 受身標識は「叫」である。「在宿舍里」は動作の行われた結果として動詞の後ろに置く。「让」と「叫」の受身文は「被」を使ったものよりもっと口語的な表現になる。「忘れる」は日本語では受身に使わないが、中国語ではよく使う。中国語の受身文は主に「被害」の意味に使い、この「忘」の文も「被害意識」が含まれている。なお「叫」も、「让」と同様、実行者を省略できない。

Answer ④

第4章 語順整序

# 語順整序  「连～也/都」「一～就」

次の文の語順を入れ替えると、[　]に入る語は何になりますか。
①〜④の中から選びなさい。

**(1)** この理屈は子供でさえわかります。

　☐　这道理 _____ _____ _____ [ _____ ]。
　　　①懂　　　②也　　　③连　　　④小孩子

**(2)** 彼は手紙さえ書けません。

　☐　他 _____ _____ [ _____ ] _____ 。
　　　①信　　　②都　　　③连　　　④不会写

**(3)** このことは妻(夫)にさえ話していません。

　☐　这事儿 _____ [ _____ ] _____ _____ 。
　　　①我爱人　②连　　　③没告诉　④都

**(4)** 私たちは休みになると旅行に行きます。

　☐　我们 _____ [ _____ ] _____ _____ 。
　　　①放假　　②一　　　③就　　　④去旅行

**(5)** ちょっと言ったら彼女はすぐにわかりました。

　☐　一 _____ [ _____ ] _____ _____ 。
　　　①说　　　②明白了　③就　　　④她

# 解答と解説

**（1）** 中国語 这道理连小孩子也［懂］。

**解説** 極端な事物を取り上げて、ある事柄を強調する文。強調されるその極端な事物は「连」と「也」の間に挟まれる。語順は「主語＋连＋強調されるもの＋也＋述語句」。

Answer ①

**（2）** 中国語 他连信［都］不会写。

**解説** 「连～也」は「连～都」に言い換えることができる。また、口語では、「他信都不会写」のように「连」を省略できるが、強調のニュアンスは「连」がついている文ほど強くない。

Answer ②

**（3）** 中国語 这事儿连［我爱人］都没告诉。

**解説** 「连～也」構文の働きはこの文で見ると、「我爱人」を一番親しい人として取り上げることによって、その親しい人にさえ知らせないのだから、まして他の人にはなおさら知らせないことが強調される。

Answer ①

**（4）** 中国語 我们一［放假］就去旅行。

**解説** 「Aをしたら（すぐ）Bをする、Aになったら、（すぐ）Bになる」は「一A就B」で表す。「一」と「就」はそれぞれ、前後2つの述語の前に置く。

Answer ①

**（5）** 中国語 一说［她］就明白了。

**解説** 「就」は副詞で、主語の前に置いてはいけない。「× 一说就她明白了」としてしまいがちなので要注意。

Answer ④

第4章 語順整序

# 語順整序 「疑問詞＋也/都」「一〜＋也/都」

次の文の語順を入れ替えると、[ ]に入る語は何になりますか。①〜④の中から選びなさい。

(1) 私はどこへも行きませんでした。

☐ 我 [　　　] ＿＿＿＿ ＿＿＿＿ ＿＿＿＿ 。
　①没　　②去　　③也　　④哪儿

(2) 今朝彼は何も食べませんでした。

☐ 今天早上 ＿＿＿＿ [　　　] ＿＿＿＿ ＿＿＿＿ 。
　①他　　②都　　③没吃　　④什么

(3) この活動には誰でも参加できます。

☐ 这次活动 [　　　] ＿＿＿＿ ＿＿＿＿ ＿＿＿＿ 。
　①可以　　②参加　　③都　　④谁

(4) この件について彼の父は少しも知りません。

☐ 这件事儿 ＿＿＿＿ ＿＿＿＿ [　　　] ＿＿＿＿ 。
　①不知道　　②也　　③一点儿　　④他爸爸

(5) 彼は一言も言わずに出てしまいました。

☐ 他 [　　　] ＿＿＿＿ ＿＿＿＿ ＿＿＿＿ 就出去了。
　①也　　②说　　③没　　④一句话

# 解答と解説

(1) 中国語 我[哪儿]也没去。

**解説** 「哪儿（どこ）→也（も）→没去（行かなかった）」の順になる。例外がないことを表す「疑問詞＋也＋述語句」は、日本語の順番と似ているので覚えやすい。

Answer ④

(2) 中国語 今天早上他[什么]都没吃。

**解説** この文型の「都」は「也」に言い換えても意味は同じになる。

Answer ④

(3) 中国語 这次活动[谁]都可以参加。

**解説** 「这次活动谁参加都可以」とも言う。日本語では「誰でも参加できる」と「誰が参加してもいい」程度の違いになる。

Answer ④

(4) 中国語 这件事儿他爸爸一点儿[也]不知道。

**解説** 「一点儿（少し）→也（も）→不知道（知らない）」のように、日本語の順番と似ているので語順も覚えやすい。

Answer ②

(5) 中国語 他[一句话]也没说就出去了。

**解説** 「一～＋也/都」を使った他の例としては、次のようなものがある。

例「一个人也没来（１人も来なかった）」
　「一次也没去（１回も行かなかった）」
　「一口都不吃（一口も食べない）」
　「一眼都不看（一目も見ない）」

Answer ④

# 語順整序　　「是〜的」・存現文

次の文の語順を入れ替えると、[　]に入る語は何になりますか。
①〜④の中から選びなさい。

(**1**) あなたはいつ着いたのですか。

　　☐　你 [　　　] 　　　　　 　　　　　 ？
　　　　①什么时候　②是　　　③的　　　④到

(**2**) あなたはこの辞書をどこで買ったのですか。

　　☐　你是 　　　 　　　 [　　　] 　　　 ？
　　　　①在哪儿　　②买　　③这本词典　④的

(**3**) 私は列車に乗ってきたのではありません。

　　☐　我 　　　 　　　 [　　　] 　　　 。
　　　　①是　　　②不　　　③的　　　④坐火车来

(**4**) 向こうから1台の車が走ってきました。

　　☐　那边 [　　　] 　　　　　 　　　　　 。
　　　　①一辆　　②车　　　③过来　　④开

(**5**) 昨日、寮から2人の学生が引っ越していきました。

　　☐　宿舍里 　　　 [　　　] 　　　 　　　 。
　　　　①了　　②两个学生　③搬走　　④昨天

# 解答と解説

**（1）** [中国語] 你[是]什么时候到的？

**解説** すでに行われた動作について、誰が、いつ、どこで、どのように、などを説明する場合やその説明を求める場合には「是～的」文を使う。「是」は説明される部分の前、「的」は動詞の後に置く。

Answer ②

**（2）** [中国語] 你是在哪儿买[的]这本词典？

**解説** 目的語がある場合、「的」は通常、その目的語の前に置く。口語では「是」を省略でき、「你在哪儿买的这本词典？」で表せる。ただし、目的語が代名詞の場合は、「的」は文末。

Answer ④

**（3）** [中国語] 我不是[坐火车来]的。

**解説** 否定の場合、「不」を「是」の前に置く。この場合は「是」を省略することはできない。

Answer ④

**（4）** [中国語] 那边[开]过来一辆车。

**解説** 不特定な物か人の存在・出現・消失を表す文が「存現文」で、「場所/時間＋動詞＋物/人」で表す。「过来」は方向補語で、動詞の後に置く。

Answer ④

**（5）** [中国語] 宿舍里昨天[搬走]了两个学生。

**解説** （4）が「出現」を表す文であるのに対し、この文は「消失」を表す。「存在」を表す文としては「桌子上放着两、三本书（机に2、3冊の本が置かれている）」などがある。

Answer ③

第4章 語順整序

69

# 語順整序

「方向補語＋目的語」・
二重目的語

次の文の語順を入れ替えると、[　]に入る語は何になりますか。①～④の中から選びなさい。

(**1**) 彼は中国から1枚の絵を買ってきました。

☐　他从中国　_____　[　　　]　_____　_____。

①买　　②一张画儿　③回　　④来

(**2**) 私たちは歩いて学校に帰るつもりです。

☐　我们打算　_____　_____　[　　　]　_____。

①走　　②回　　③去　　④学校

(**3**) あの子はあたふたと部屋から走って出て行きました。

☐　那个孩子急急忙忙地　_____　[　　　]　_____　了。

①屋子　②出　　③跑　　④去

(**4**) お父さんは彼にいくらかのお金をあげました。

☐　爸爸　_____　_____　[　　　]　_____。

①给　　②一些钱　③了　　④他

(**5**) 私は彼女にポップスのCDを1枚プレゼントしようと思います。

☐　我想　_____　[　　　]　_____　_____。

①她　　②一盘　　③送　　④流行歌曲的CD

70

# 解答と解説

**(1)** 中国語 他从中国买[回]来一张画儿。

解説 方向補語は動詞の後に置いて動きの方向を示す。場所でない目的語は複合方向補語の「来」「去」の前か後に置く。この文は「他从中国买回一张画儿来」としてもよい。

Answer ③

**(2)** 中国語 我们打算走回[学校]去。

解説 目的語が場所の場合には、複合方向補語の「来」「去」の前にしか置けない。「× 走回去学校」という誤用が多いので要注意。

Answer ④

**(3)** 中国語 那个孩子急急忙忙地跑[出]屋子去了。

解説 (2)に同じ。複合方向補語と目的語の位置関係は、3級レベルの重要な内容なのでしっかり覚えよう。

Answer ②

**(4)** 中国語 爸爸给了[他]一些钱。

解説 二重目的語をとる場合、「主語＋動詞＋間接目的語（与える相手）＋直接目的語（与える物）」の語順になる。目的語に数量詞がついている場合、「了」は必ず動詞の直後に置かれる。

Answer ④

**(5)** 中国語 我想送[她]一盘流行歌曲的CD。

解説 英語で二重目的語をとる場合、「I am thinking about giving her a pop music CD」「I am thinking about giving a pop music CD to her」ともに言えるのに対し、中国語では直接目的語は間接目的語より先に来ることはない。CDは「光盘」とも言う。

Answer ①

第4章 語順整序

# 単語

接続詞など①

## ◎並列

●这孩子既聪明，又用功。
Zhè háizi jì cōngming, yòu yònggōng.
この子は賢いうえに、努力する。

●坐地铁去又快又方便。
Zuò dìtiě qù yòu kuài yòu fāngbiàn.
地下鉄で行くと、早くて便利です。

●不要一边做作业，一边看电视。
Búyào yìbiān zuò zuòyè, yìbiān kàn diànshì.
宿題をしながらテレビを見るのをやめなさい。

●他一面听老师讲，一面做笔记。
Tā yímiàn tīng lǎoshī jiǎng, yímiàn zuò bǐjì.
彼は先生の講義を聞きながらノートをとっている。

## ◎連続

●你先洗洗手再吃饭。
Nǐ xiān xǐxi shǒu zài chīfàn.
まず手を洗ってから食事をしなさい。

●他先戴上花镜，然后拿起报纸看了起来。
Tā xiān dàishang huājìng, rán hòu náqi bàozhǐ kàn le qilai.
彼は老眼鏡をかけてから新聞を取って読み始めました。

●他买了一件西服，又买了一双鞋。
Tā mǎi le yí jiàn xīfú, yòu mǎi le yì shuāng xié.
彼は洋服を1着買った後、靴を1足買いました。

●他把作业都写完了，才打开电视。
Tā bǎ zuòyè dōu xiěwán le, cái dǎkāi diànshì.
彼は宿題を全部書き終わってから、やっとテレビをつけた。

●她一说话，就脸红。
Tā yì shuōhuà, jiù liǎnhóng.
彼女は話をすると、すぐ顔が赤くなる。

## ◎追加

●这个工作不但要做，而且要做好。
Zhège gōngzuò búdàn yào zuò, érqiě yào zuòhǎo.
この仕事はやるだけではなく、しっかりやらねばならない。

## ◎対比

●她不是不想来，而是不能来。
Tā búshì bù xiǎng lái, érshì bù néng lái.
彼女は来たくないのでなく、来られないのだ。

●这表不是快，就是慢，老是不准。
Zhè biǎo búshì kuài, jiùshì màn, lǎoshi bù zhǔn.
この時計は早すぎるのか遅すぎるのか、いつも正しくない。

# [第5章]

## 中文選択

日本語の出題文を見て、同じ内容を正しく表している中文を選ぶ問題です。基本文型の語順をしっかりと押さえておきましょう。

筆記

CHUKEN
3RD GRADE

# 中文選択

次の(**1**)〜(**10**)の日本語の意味に合う中国語を、それぞれ①〜④の中から1つ選びなさい。

(**1**) 李先生は学生と一緒にカラオケに行くつもりです。
- ①李老师和学生一起唱卡拉OK打算去。
- ②李老师和学生一起卡拉OK打算唱去。
- ③李老师和学生一起去唱卡拉OK打算。
- ④李老师打算和学生一起去唱卡拉OK。

(**2**) 兄は今日新しいパソコンを買ってきた。
- ①哥哥今天买回来了一台新电脑。
- ②哥哥今天要买一台新电脑回来。
- ③哥哥今天一台新电脑买回来了。
- ④哥哥今天买回来了新电脑一台。

(**3**) 私は財布をタクシーに忘れてきてしまいました。
- ①我忘把钱包在出租车上了。
- ②我钱包把出租车上忘在了。
- ③我把钱包忘在出租车上了。
- ④钱包把我忘在出租车上了。

(**4**) 歌うのが上手な人もいれば、下手な人もいます。
- ①有的人好得唱，有的人不好得唱。
- ②唱得好的有人，唱得不好的有人。
- ③有的人唱得好，有的人唱得不好。
- ④有好得唱的人，有不好得唱的人。

(**5**) こんな簡単な問題は小学校一年生でさえ答えられる。
- ①这么简单的问题，一年级小学生连也能回答。
- ②这么简单的问题，一年级连小学生也能回答。
- ③这么简单的问题，小学生连一年级也能回答。
- ④这么简单的问题，连一年级小学生也能回答。

## 解答と解説

**(1)** [正解文] 李老师打算和学生一起去唱卡拉OK。

[解説]「李老师」は主語として文頭に置く。「和学生一起」(学生と一緒に) は「去唱卡拉OK」(カラオケに行く) の修飾語 (状語) なので前に置く。動作が2つある場合、通常行われる時間順で並べていくので、「カラオケに行く」は「去唱卡拉OK」となる。「打算」(つもり) は助動詞の「想」(したい) と同様、主語の後と行為動詞の前に置く。よって、④は正解。

**Answer** ④

**(2)** [正解文] 哥哥今天买回来了一台新电脑。

[解説] ②も文として通じるが、「要」は未来のことを表すので、「買ってきた」と矛盾している。④は数量詞「一台」の場所が間違っている。③は動詞と目的語の順番は逆。よって、正解は①。

**Answer** ①

**(3)** [正解文] 我把钱包忘在出租车上了。

[解説] こちらは「把」構文。「把」構文は「把＋動作の対象＋動詞＋動作の結果などを表す語」の順になる。これに当てはまるのは③の「把＋钱包＋忘＋在出租车上」しかない。よって、正解は③。

**Answer** ③

**(4)** [正解文] 有的人唱得好，有的人唱得不好。

[解説]「唱得好 (歌うのが上手)」と「唱得不好 (歌うのが下手)」の正しい語順は②と③。③の「有的人 (一部の人)」は意味が通じるが、②の「的有人」の言い方はない。

**Answer** ③

**(5)** [正解文] 这么简单的问题，连一年级小学生也能回答。

[解説] 極端な例を取り上げて、ある事柄を強調する文型。3級の試験ではいろいろな形でよく見られる問題である。強調される極端な事物が「连～也」の間に挟まれると覚えよう。このポイントさえわかれば、答えは一目瞭然。「连～都」の形もあって、意味も使い方も同じ。

**Answer** ④

第5章 中文選択

## 中文選択

（6）たとえどんな事情があろうとも、明日遅刻してはいけません。
　　①有不管什么事，明天不能也迟到。
　　②不管什么事有，明天不能也迟到。
　　③什么事不管有，明天也不能迟到。
　　④不管有什么事，明天也不能迟到。

（7）私の携帯電話は息子に壊されてしまった。
　　①我的手机把儿子弄坏了。
　　②我的手机让儿子弄坏了。
　　③我的手机弄坏了儿子。
　　④我的手机使儿子弄坏了。

（8）母はわたしにお医者さんへ電話をするように言いました。
　　①妈妈叫医生给我打电话。
　　②妈妈叫我给医生打电话。
　　③我叫妈妈给医生打电话。
　　④妈妈给我打电话叫医生。

（9）いまここから地下鉄に乗れるようになり、以前よりずっと便利になった。
　　①现在这里可以乘了地铁，比以前多方便了。
　　②现在这里可以乘地铁了，比以前方便多了。
　　③现在这里可以乘地铁了，比以前多方便了。
　　④现在这里可以乘了地铁，比以前方便多了。

（10）私たちは卒業してからもうまもなく10年になる。
　　①我们毕业都快十年了。
　　②我们都快十年毕业了。
　　③我们十年都快毕业了。
　　④我们都毕业十年快了。

# 解 答 と 解 説

(6) 正解文 不管有什么事，明天也不能迟到。

解説 「不管A也B」はよく見られる文型で、日本語の「たとえAしようともB」に相当する。「不管」はA（問題文では「有什么事」）の前に置かなければならないので、①と③は不正解。「也」は副詞で後半述語部分（問題文では「不能迟到」）の前に置くべきなので、②も不正解。また、②の「什么事有」の順番も間違っている。正しい順は「有＋もの／こと／ひと」。

Answer ④

(7) 正解文 我的手机让儿子弄坏了。

解説 「AはBに壊された」という意味なので受身文を使うべき。4つの選択肢の中、受身文は②の「让」のみ。受身文は、他に「叫」「被」もある。

Answer ②

(8) 正解文 妈妈叫我给医生打电话。

解説 日本語の「～させる」「～するように言う」は中国語では兼語文で表現することが多い。兼語文の語順は、「主語（指示者）＋叫＋兼語（実行者）＋動詞句（実行内容）」。問題文の指示者は「母（妈妈）」、実行者は「わたし（我）」なので、語順に合致するのは②のみ。④は兼語文ではないので不正解。

Answer ②

(9) 正解文 现在这里可以乘地铁了，比以前方便多了。

解説 「～ようになった」という意味を表す場合、中国語では動詞の後ろの「了」でなく文末の「了」を使うので、正解は②か③。③は、比較文で、比較した差（問題文では「多了」）を表す語が形容詞（問題文では「方便」）の後に置くので不正解。

Answer ②

(10) 正解文 我们毕业都快十年了。

解説 「まもなく～になる」は「快～了」で表す。「～」に相当する語句（問題文では「十年」）は「快」と「了」の間に挟まれるので、正解は①。

Answer ①

第5章 中文選択

# 単語

## 接続詞など②

### ◎選択

●是买这个呢,还是买那个?
Shì mǎi zhège ne, háishì mǎi nàge?
これを買うか、それともあれを買うか。

●或者你来,或者我去,我们见个面吧。
Huòzhě nǐ lái, huòzhě wǒ qù, wǒmén jiàn ge miàn ba.
あなたが来るか私が行くかして、1度会いましょう。

●过期的食品宁可扔掉,也不要吃。
Guòqī de shípǐn nìngkě rēngdiào, yě búyào chī.
期限切れの食品は食べずに(むしろ)捨てること。

●与其在家呆着,不如出去走走。
Yǔqí zài jiā dāizhe, bùrú chūqu zǒu zou.
家にいるより、外を散歩したほうがいいじゃないか。

### ◎逆接

●我虽然见过他,但是没跟他说过话。
Wǒ suīrán jiànguo tā, dànshì méi gēn tā shuōguo huà.
彼に会ったことはあるが、話したことはありません。

●尽管这家店比别处贵,可是客人仍然很多。
Jǐnguǎn zhè jiā diàn bǐ biéchù guì, kěshì kèrén réngrán hěn duō.
この店は他店より高いにもかかわらず、客が多い。

### ◎因果

●因为喝了酒,所以我今天不能开车。
Yīnwèi hēle jiǔ, suǒyǐ wǒ jīntiān bù néng kāichē.
今日は酒を飲んだので、車を運転できません。

●既然是学生,就要遵守学校的纪律。
Jìrán shì xuésheng, jiù yào zūnshǒu xuéxiào de jìlù.
学生である以上、学校の規律を守らねばならない。

### ◎仮定

●如果你不愿意,就算了。
Rúguǒ nǐ bú yuànyì, jiù suànle.
あなたの気が向かないのなら、よしましょう。

●即使可能失败,我也要试一试。
Jíshǐ kěnéng shībài, wǒ yě yào shìyishi.
たとえ失敗のおそれがあっても、1度やってみたい。

### ◎条件

●只要拿到六十分,就及格了。
Zhǐyào nádào liùshí fēn, jiù jígé le.
60点さえ取れば、合格できる。

●只有你去请,他才会来。
Zhǐyǒu nǐ qù qǐng, tā cái huì lái.
あなたが招きに訪れてやっと、彼は来てくれます。(あなたが招きに訪れないと、彼は来てくれません)

●无论多么忙,他都坚持每天记日记。
Wúlùn duōme máng, tā dōu jiānchí měitiān jì rìjì.
いかに忙しかろうと、彼は毎日、日記を綴り続けている。

●不管花多少钱,也要治好这个病。
Bùguǎn huā duōshǎo qián, yě yào zhìhǎo zhège bìng.
いくらお金がかかろうと、この病気を治さなくちゃ。

# [第6章]

# 長文読解

中国語の長文を読み、空欄を埋めたり内容と一致するものしないものを選んだりしていく問題です。一つ一つの文章はどれも難しいものではありませんが、長文全体を通して文意を把握する力が求められています。日本語訳を読む前に自分で和訳して文意を把握するコツをつかんでおきましょう。

**筆 記**

CHUKEN
3RD GRADE

# 長文読解

**問題 1**

次の文章を読んで、問(**1**)〜(**6**)の答えとして正しいものを、それぞれ①〜④の中から1つ選びなさい。

　　我喜欢逛商店，也特别喜欢买衣服。我有不少好看的衣服。每天晚上躺在床上考虑第二天穿什么衣服是我的一大乐趣。我虽然喜欢买衣服，可是我并不在乎（　(1)　）名牌儿。不管什么牌子的衣服，（　(2)　）穿在身上漂亮（　(2)　）行。我买的衣服不仅漂亮，而且大部分都比较便宜，因此朋友们都说我特别（　(3)　）买东西。

　　昨天是星期天，我又约我的好朋友一起上街逛衣服店去了。我看中了一件大衣和一双长筒靴。大衣的颜色和款式都很时髦，长筒靴也是我一直想要的那种样子。（　(4)　）价钱都挺贵，两样都买的话钱不够。犹豫了半天，最后只好买了那双长筒靴和一条围巾，而朋友买下了那件大衣。

(**1**) 空欄 (1) を埋めるのに適当なものは、次のどれか。

　①好不好
　②是不是
　③想不想
　④看不看

(**2**) 空欄 (2) を埋めるのに適当なものは、次のどれか。

　①只要…就
　②不但…而且
　③因为…所以
　④虽然…但是

（**3**）空欄 (3) を埋めるのに適当なものは、次のどれか。

☐ ①能
②需要
③可以
④会

（**4**）空欄 (4) を埋めるのに適当なものは、次のどれか。

☐ ①然后
②正好
③可是
④因此

（**5**）本文の内容に合わないものは、次のどれか。

☐ ①我爱打扮。
②我很会买东西。
③我喜欢逛商店。
④我喜欢名牌儿。

（**6**）本文の内容に合うものは、次のどれか。

☐ ①我好看的衣服不多。
②我买的衣服一般都比较贵。
③我不喜欢大衣的颜色和款式。
④我买了长筒靴和围巾。

# 解答と解説

**全訳** 私はショッピングが好きで、特に服を買うのが大好きです。すてきな服をたくさん持っています。毎晩ベッドに横になり、明日はどの服を着ようかと考えるのが、私の大きな楽しみです。私は服を買うのが好きですが、ブランド品かどうかはまったく気にしません。どのブランドであろうが、着てみてきれいだったらそれでいいのです。私の買う服はきれいで、しかもほとんどが安いので、私は友人たちから、買い物の達人と言われています。昨日の日曜日は、親友と約束して、一緒に街へショッピングに行きました。私はあるコートとロングブーツが気に入りました。コートは色もデザインもおしゃれで、ロングブーツもまた私がずっとほしいと思っていた形のものでした。しかしどちらも値段が高くて、両方買うにはお金が足りません。ずいぶん悩んで、結局ロングブーツとスカーフを1枚買って我慢し、友人がそのコートを買いました。

(1) **解説**「ブランド品かどうかは気にしない」という意味なので、②の「是不是」が正解。

**Answer ②**

(2) **解説** 正解は「只要…就」で、「〜さえすれば」の意味。「不但…而且」は「〜ばかりでなく、そのうえ〜」、「因为…所以」は「〜だから、そして」、「虽然…但是」は「〜だけれどもしかし」になる。

**Answer ①**

(3) **解説** 正解は「会」で、「〜するのが上手」の意味。「会」は「上手」の意味では「很会说话（話がとても上手）」や「非常会过日子（暮らしを立てるのが非常に上手）」のように、通常、「很」や「非常」といった程度の副詞を伴う。

**Answer ④**

(4) **解説** 正解は「可是」で、「しかし」の意味。「然后」は「それから」、「正好」は「都合よく」、「因此」は「そこで、したがって」になる。

**Answer ③**

(5) **解説** 正解は④の「我喜欢名牌儿」で、「私はブランド品が好き」の意味。本文の「ブランド品かどうかは気にしない」とは合わない。①は「私はおしゃれをするのが好き」、②は「私は買い物が上手」、③は「私はショッピングが好き」で、内容と一致する。

**Answer ④**

(6) **解説** 正解は④の「我买了长筒靴和围巾」で、「ロングブーツとスカーフを買った」の意味。①は「私にはきれいな服は多くない」、②は「私の買った服は大体わりと高い」、③は「私はコートの色とデザインが気に入らない」で、内容と一致しない。

**Answer ④**

# 長文読解

問題 2

次の文章を読んで、問（**1**）〜（**6**）の答えとして正しいものを、それぞれ①〜④の中から1つ選びなさい。

　　时间过得真快，我来中国留学，一转眼一年半过去了。我计划留学两年，今年七月我的留学生活（　（1）　）结束（　（1）　）。学习结束以后我准备先去南方旅行一趟（　（2）　）回国。回国以后是马上找工作（　（3）　）考研究生，我还没有拿定主意。我想回去以后（　（4）　）再说。我征求过父母的意见。我父亲说：先工作两年，有了实际工作经验以后，知道自己需要(5)<u>进一步学习什么</u>，到那时候再考研究生也许更好。

（**1**）空欄 (1) を埋めるのに適当なものは、次のどれか。

☐　①就要…了
　　②不要…了
　　③还要…了
　　④只要…了

（**2**）空欄 (2) を埋めるのに適当なものは、次のどれか。

☐　①又
　　②也
　　③再
　　④还

（**3**）空欄 (3) を埋めるのに適当なものは、次のどれか。

    ①又是
    ②还是
    ③不是
    ④而是

（**4**）空欄 (4) を埋めるのに適当なものは、次のどれか。

    ①看样子
    ②听情况
    ③听起来
    ④看情况

（**5**）下線部 (5) の意味としてふさわしいものは、次のどれか。

    ①どうやって勉強を上達させるか。
    ②何を勉強すれば進歩するか。
    ③さらに何を勉強するか。
    ④上達したらまた何を勉強するか。

（**6**）本文の内容に合わないものは、次のどれか。

    ①我来中国已经一年半了。
    ②我回国以后马上找工作。
    ③我要去南方旅行。
    ④我现在不是研究生。

# 解答と解説

**全訳** 時のたつのは本当に早いもので、私が中国へ留学に来てから、あっという間に1年半たちました。私は2年の予定で留学して来たから、今年の7月で留学生活が終わります。授業が終わったら私は南の方を旅行して、それから帰国するつもりでいます。帰国したらすぐに仕事を探すか、それとも大学院を受験するかは、まだ決めていません。帰って様子を見てからにしようと思っています。私は両親の意見を聞いたことがあります。父は、「とりあえず2年間働いてみなさい。実際の仕事に触れたら、自分はさらに何を勉強しなければならないかがわかってくる。それから大学院を受験したほうがいいんじゃないかな」と言いました。

(1) **解説** 「就要…了」は「もうすぐ～する/なる」の意味。もうすぐ発生することを表す語は「就要」と「了」の間に挟む。「不要…了」は「～をやめて」の意味。

**Answer ①**

(2) **解説** 「まず～して、それから～をする」は「先…再…」と言うので③が正解。

**Answer ③**

(3) **解説** ここでは「找工作（仕事を探す）」と「考研究生（大学院を受験する）」の両者の間で選択に迷っているので、選択疑問文の「それとも」に当たる「还是」を使う。

**Answer ②**

(4) **解説** 「看情况」は「様子を見て」の意味。「看样子」は「見たところ～のようだ」、「听起来」は「～のように聞こえる」の意味になる。「听情况」という言い方はない。

**Answer ④**

(5) **解説** 「进一步」は「さらに、いっそう」という意味で、状況語として使う。「進歩する、上達する」は「进步」と言う。

**Answer ③**

(6) **解説** 本文では「帰国したらすぐ仕事を探すか決めていない」と言っているので、②の「国に帰ったらすぐに仕事を探す」はこの内容に合わない。①は「私は中国に来てすでに1年半たった」、③は「私は南の方へ旅行しようとしている」、④は「私は今大学院生ではない」の意味で内容と一致する。

**Answer ②**

# 長文読解

問題 3

次の文章を読んで、問(**1**)～(**6**)の答えとして正しいものを、それぞれ①～④の中から1つ選びなさい。

　　今天是二年级最后一次汉语课，上了三年级我们就没有必修的汉语课（　(1)　）。今天学第二十课，课文的题目是《毕业以后》。老师用汉语问我："毕业以后你打算干什么？"我现在是二年级的学生，毕业以后的事儿还没有（　(2)　）过。我开玩笑说："(3)老师说干什么，我就干什么"。老师笑了，说："将来（　(4)　）干什么，（　(4)　）别把汉语丢了"。我的汉语成绩很好，我的中国朋友们也都夸我的发音不错。我已经学了两年了，当然不能轻易丢掉。我向老师表示一定继续把汉语学下去，将来要找一个（　(5)　）的工作。

(**1**) 空欄 (1) を埋めるのに適当なものは、次のどれか。

　　① 的
　　② 了
　　③ 过
　　④ 呢

(**2**) 空欄 (2) を埋めるのに適当なものは、次のどれか。

　　① 好好儿考虑
　　② 考虑好好儿
　　③ 好考虑
　　④ 考虑好

（3）下線部(3)の意味としてふさわしいものは、次のどれか。

①老师的意思我不明白。
②老师想让我干什么？
③我愿意听老师的。
④老师为什么要问这个？

（4）空欄(4)を埋めるのに適当なものは、次のどれか。

①不管…也
②只要…就
③只有…才
④不但…还

（5）空欄(5)を埋めるのに適当なものは、次のどれか。

①关系汉语
②跟汉语有关
③汉语关系
④汉语跟有关

（6）本文の内容に合うものは、次のどれか。

①我快要上二年级了。
②以后我不再学汉语了。
③我的汉语发音不太好。
④我还不知道将来干什么。

## 解答と解説

**全訳** 今日は2年生最後の中国語の授業です。3年生になると必修の中国語の授業はなくなります。今日は第20課を勉強しました。本文の題名は「卒業後」です。先生は中国語で私に、「卒業したら、あなたは何をするつもりですか。」と聞きました。私は今2年生で、卒業後のことなどまだきちんと考えたことがありません。「先生の言うとおりにします。」と私は冗談を言いました。先生は笑って、「将来何をするにしても、中国語はやめないでね。」と言いました。私の中国語の成績は良く、中国人の友人たちも私の発音をほめてくれます。私はすでに中国語を2年も勉強していて、もちろんそう簡単にやめられません。私は先生に、必ず中国語の勉強を続け、将来は中国語関係の仕事に就く、ときっぱりと言いました。

(1) **解説** 「了」は変化を表し、「没有」の後ろに置いて「もうなくなる」の意味になる。

**Answer ②**

(2) **解説** ②③は文として通じない。「考慮好（考えがまとまった）」は「过」と結びつかない。したがって①の「好好儿考慮（ちゃんと考える）」が正解。

**Answer ①**

(3) **解説** 正解は③の「先生の言うことに（何でも）従います」。下線部(3)は同じ疑問詞を前後に2回用いて、後者の内容は前者の内容によって決定されることを表す。①は「先生の言っている意味がわかりません」、②は「先生は私に何をやってほしいのですか」、④は「先生はなぜこれを聞くのですか」。

**Answer ③**

(4) **解説** 「不管…也」は「～をしようと～する」の意味で、いかなる条件でも結論に変わりがないことを表す。この「也」は「都」に言い換えることができる。「只要…就」は「Aさえすれば、Bになる」、「只有…才」は「Aをしてからこそ、やっとBになる」、「不但…还」は「Aだけではなく、さらにBである」を表す。

**Answer ①**

(5) **解説** 「～と関係がある」は「跟…有关」で表す。「跟」は介詞で「～」に当たるものは「跟」と「有关」の間に来る。このフレーズは後ろに「的」をつけることで名詞を修飾して「跟汉语有关的工作」のようになる。「× 汉语关系的工作」という誤用も多いので、要注意。

**Answer ②**

(6) **解説** 正解は④で、「私は将来何をやるかまだわからない」の意味。①は「私はすぐ2年生になる」、②は「これから私はもう中国語を勉強しない」、③は「私の中国語の発音はあまり上手ではない」で、内容と一致しない。

**Answer ④**

# 長文読解

**問題 4**

次の文章を読んで、問(**1**)～(**6**)の答えとして正しいものを、それぞれ①～④の中から1つ選びなさい。

　　最近陈晶家养了一只猫，名字叫咪咪。它是白色的，圆圆的眼睛，长长的毛，性格温顺，非常讨人喜欢。咪咪最喜欢在靠窗的沙发上睡觉，有时候也躺在地板上有阳光的地方。今天陈晶不小心踩了它的尾巴，它疼得大叫（　(1)　）。看它那不高兴的样子，陈晶觉得（　(2)　）可笑，（　(2)　）可爱。陈晶每星期给咪咪洗一次澡。洗澡的时候它的毛都贴在身上，看（　(3)　）比平时瘦小得多，好玩极了。跟咪咪一起玩儿是陈晶生活中的一大乐趣。晚上它们在一起睡觉，可是咪咪总是起得很早，有时候陈晶也(4)<u>不得不跟着早起</u>，这（　(5)　）爱睡懒觉的陈晶来说是一个大问题。

(**1**) 空欄 (1) を埋めるのに適当なものは、次のどれか。

　　① 起来
　　② 上来
　　③ 上去
　　④ 下去

(**2**) 空欄 (2) を埋めるのに適当なものは、次のどれか。

　　① 一边…一边
　　② 越…越
　　③ 既…又
　　④ 一…就

（**3**）空欄 (3) を埋めるのに適当なものは、次のどれか。

☑　①下去
　　②过去
　　③下来
　　④上去


（**4**）下線部 (4) の意味としてふさわしいものは、次のどれか。

☑　①从来不跟咪咪一起早起。
　　②只好跟咪咪一起早起。
　　③很愿意跟咪咪早起。
　　④不想跟咪咪一起早起。


（**5**）空欄 (5) を埋めるのに適当なものは、次のどれか。

☑　①往
　　②对
　　③被
　　④向


（**6**）本文の内容に合うものは、次のどれか。

☑　①咪咪不喜欢在地板上躺着。
　　②陈晶因为踩了咪咪心情不好。
　　③陈晶每周给咪咪洗澡。
　　④咪咪喜欢睡懒觉。

# 解答と解説

**全訳** 近ごろ陳晶の家では、1匹の猫を飼い始めました。名前はミミ。ミミは白くて、目は真ん丸、毛が長くて、性格はおとなしく、とびきりかわいい猫です。ミミは窓際のソファーの上で眠るのが何より好きで、時には日の当たる床に寝そべったりしていることもあります。今日、陳晶はうっかりミミのしっぽを踏んづけてしまい、ミミは痛さのあまり大きな鳴き声を上げました。ミミのご機嫌ななめな様子を見て、陳晶にはおかしくてかわいらしいと思っていました。陳晶は週に1度、ミミを洗ってやります。洗ってやるとミミの毛はぺたんと体にはりつき、ふだんよりずいぶんほっそりして見えて、何とも愛嬌があります。ミミと遊ぶことは陳晶の大きな楽しみです。陳晶とミミは夜一緒に寝ますが、ミミは早起きで、たまに陳晶もそれにつき合って、しぶしぶ早起きします。これは朝寝坊の陳晶にとっては大きな問題です。

(1) **解説** 方向補語「起来」は派生義として、「〜しだす」と訳して動作や状況の始まりを表す。「笑起来（笑いだす）」「哭起来（泣きだす）」「下起雨来（雨が降りだす）」のような使い方をする。

**Answer ①**

(2) **解説** 「既A又B」は「AでもあるしBでもある」で、2つの性質や状態を備えていることを表す。「一边A一边B」は「AをしながらBをする」、「越A越B」は「AをすればするほどBになる」、「一A就B」は「Aをする（になる）とすぐBをする（になる）」を表す。

**Answer ③**

(3) **解説** 「看上去」は慣用語で、「見かけは〜のようだ、見たところ〜のようだ」の意味になる。ここでは「看起来」にも言い換えることもできる。

**Answer ④**

(4) **解説** 正解は②で、「やむをえずミミと一緒に起きる」の意味。副詞「只好」は慣用語の「不得不」と同じで、「〜せざるをえない」を表す。①は「ミミと一緒に起きたことはない」、③は「喜んでミミと一緒に起きる」、④は「ミミと一緒に起きたくない」で内容と一致しない。

**Answer ②**

(5) **解説** 「対」は後ろの「来说」とセットで、「〜にとっては」の意味を表す。

**Answer ②**

(6) **解説** 正解は③で、「陳晶は毎週ミミを入浴させる」。①は「ミミは床に寝るのが好きでない」、②は「陳晶はミミを踏んでしまったので機嫌がよくない」、④は「ミミは朝寝坊するのが好き」で、一致しない。

**Answer ③**

# 単語    名詞①

| 笔记 | bǐjì | 筆記、メモ |
| --- | --- | --- |
| 鞭炮 | biānpào | 爆竹 |
| 饼干 | bǐnggān | ビスケット |
| 玻璃 | bōli | ガラス |
| 伯父 | bófù | おじ（父の兄） |
| 伯母 | bómǔ | おば（父の兄嫁） |
| 布 | bù | 布 |
| 部队 | bùduì | 部隊、軍隊 |
| 部长 | bùzhǎng | 大臣、長官 |
| 彩色 | cǎisè | さまざまな色、カラー |
| 材料 | cáiliào | 材料 |
| 草地 | cǎodì | 野原、草原、芝生 |
| 产品 | chǎnpǐn | 生産品 |
| 程度 | chéngdù | 程度、レベル |
| 成果 | chéngguǒ | 成果 |
| 成绩 | chéngjì | 成績 |
| 成就 | chéngjiù | 業績 |
| 成立 | chénglì | 創立、誕生 |
| 城市 | chéngshì | 都市 |
| 虫子 | chóngzi | 虫 |
| 厨房 | chúfáng | 台所 |
| 除夕 | chúxī | 除夜、おおみそか |
| 传统 | chuántǒng | 伝統 |
| 传真 | chuánzhēn | FAX |
| 窗口 | chuāngkǒu | 窓口、カウンター |
| 醋 | cù | 酢 |
| 大人 | dàren | おとな |
| 大使馆 | dàshǐguǎn | 大使館 |
| 蛋糕 | dàngāo | ケーキ |
| 刀子 | dāozi | 小刀、ナイフ |
| 电冰箱 | diànbīngxiāng | 冷蔵庫 |
| 电风扇 | diànfēngshàn | 扇風機 |
| 电脑 | diànnǎo | コンピューター |
| 电视台 | diànshìtái | テレビ局 |
| 地点 | dìdiǎn | 地点、場所、位置 |
| 地方 | dìfang | 所、地方 |
| 豆腐 | dòufu | 豆腐 |
| 鹅 | é | ガチョウ |
| 儿童 | értóng | 児童 |
| 法律 | fǎlǜ | 法律 |
| 方法 | fāngfǎ | 方法 |
| 方式 | fāngshì | 方式、やり方 |
| 方针 | fāngzhēn | 方針 |
| 粉笔 | fěnbǐ | チョーク |
| 风景 | fēngjǐng | 風景 |
| 夫妻 | fūqī | 夫妻、夫婦 |
| 妇女 | fùnǚ | 婦女、婦人、女性 |
| 感觉 | gǎnjué | 感覚 |
| 感情 | gǎnqíng | 感情 |
| 感想 | gǎnxiǎng | 感想 |
| 刚才 | gāngcái | 先ほど、ついさっき |
| 胳膊 | gēbo | 腕 |
| 革命 | gémìng | 革命 |
| 个人 | gèrén | 個人 |
| 工程师 | gōngchéngshī | エンジニア、技師 |
| 工夫 | gōngfu | 時間、暇 |
| 工具 | gōngjù | 工具 |
| 工资 | gōngzī | 給料 |
| 工业 | gōngyè | 工業 |
| 姑姑 | gūgu | おば（父の姉妹） |
| 姑娘 | gūniang | 娘、女の子 |
| 古代 | gǔdài | 古代 |
| 顾客 | gùkè | 顧客 |
| 广场 | guǎngchǎng | 広場 |
| 广告 | guǎnggào | 広告 |
| 规律 | guīlǜ | 規律 |
| 规模 | guīmó | 規模 |
| 国籍 | guójí | 国籍 |
| 国际 | guójì | 国際 |
| 国旗 | guóqí | 国旗 |
| 骨头 | gǔtou | 骨 |
| 海关 | hǎiguān | 税関 |
| 和平 | hépíng | 平和 |
| 合同 | hétong | 契約 |
| 护士 | hùshi | 看護師 |
| 花园 | huāyuán | 花園、庭園 |
| 画报 | huàbào | 画報、グラフ雑誌 |
| 环境 | huánjìng | 環境 |

# [第7章]

# 日文中訳

日本語を中国語に訳す問題です。基本的に単文で書ける文が出題されますが、単語や文の成分をきちんと把握しておかないと作成できません。また、記述式なので、簡体字も正確に書けるようにしておきましょう。

| 筆 記 |

CHUKEN
3RD GRADE

# 日文中訳

次の(**1**)〜(**24**)の日本語を中国語に訳し、漢字(簡体字)で書きなさい。

(**1**) 机にコンピューターが1台置いてある。

(**2**) 部屋の中から何人かの子供が走って出て来た。

(**3**) あなたの名前はどう書きますか。

(**4**) 駅へはどうやって行きますか。

(**5**) まっすぐに行って、左へ曲がる。

(**6**) 私たちは2時間卓球をしました。

## 解答と解説

**(1) [中国語]** 桌子上放着一台电脑。

**解説** 不特定な人・物の存在・出現・消失を表す場合には、「場所/時間＋動詞＋存在/出現/消失する人・物」という順の存現文を使う。「桌子(机)」の後には方位詞の「上」が必要である。「置く」は「放」を用いる。存在を表す場合、動詞の後に動作結果の残存を表す動態助詞「着」がつくことが多い。不特定な人・物について述べる場合には、通常数量詞がつく。

**(2) [中国語]** 屋子里跑出来几个孩子。

**解説** 出現を表す存現文。「屋子」の後には方位詞「里」がつく。動詞「跑」の後に内から外へ出て、こちらへ近づいて来るという動きの方向を表す複合方向補語「出来」がつく。

**(3) [中国語]** 你的名字怎么写?

**解説** 動作の方式を聞く場合には、動詞の前に疑問代名詞の「怎么」を置く。動作の対象は話題として文頭に置くことが多い。その他によく使う表現として、「这个字怎么念?（この字は何と読みますか）」「这个句子怎么翻译?（このセンテンスはどう訳しますか）」などがある。

**(4) [中国語]** 去车站怎么走?

**解説** 「去＋目的地＋怎么走」は道を尋ねる場合の定番の言い方。「行く」を表すには「去」と「走」があるが、その区別は前者が「去车站（駅に行く）」のように、特定な目的地を意識して「行く」と言うのに対し、後者は「咱们走吧（私たちは行く）」のように、その場を離れることを言うか、「走这条路（この道で行く）」のように、ある経路を「行く」と言う場合に使う。そのため、「どうやって行くか」は「怎么走」となる。また、この文の「去车站」は「到车站」とも言い換えることができ、「駅まで」という意味。

**(5) [中国語]** 一直走，往左拐。

**解説** 「まっすぐ」は「一直」で、状語として動詞の前に置く。「行く」は(4)に記述した理由から「走」を使う。「左へ」は「往左」で、状語になる(「向左」を使ってもよい)。「曲がる」は「拐」を使う。

**(6) [中国語]** 我们打了两个小时(的)乒乓球。

**解説** 時間の量は補語で、動詞と目的語の間に置く。この場合、「了」は必ず動詞の直後に置く。時間量と目的語の間に「的」を入れてもOK。ここの「時間」は「小时」で、「时间」と間違えないよう要注意。

# 日文中訳

(**7**) 私はもう一度聞きたい。
☐

(**8**) 私はこの映画を2回見たことがある。
☐

(**9**) 彼らは走って教室に入って行きました。
☐

(**10**) あなたの家から学校まではどれくらいの時間がかかりますか。
☐

(**11**) お母さんと一緒にデパートに買い物に行く。
☐

(**12**) 彼は寝るのがとても遅い。
☐

## 解答と解説

**(7)** 中国語 **我想再听一遍。**

解説 「もう一度〜する」は「再＋動詞＋一遍/一次/一趟/一下」だが、「听」「看」「说」などの動作の量として、始めから終わりまでを通しての1回を表す場合、「一遍」を用いる。「请再说一遍（もう一度言ってください）」なども定番の言い方になる。「〜したい」を表す助動詞の「想」は「〜したい」内容の前に置かれる。「再」は助動詞の後に置かれる。

**(8)** 中国語 **这个电影我看过两次。**

解説 「〜したことがある」を表す場合、動詞の直後に経験を表す動態助詞の「过」がつく。否定の場合、「没＋動詞＋过」になる。動作の回数は補語として動詞の後に置かれる。ここは「两遍」としてもOK。動作の対象である「这个电影」は文頭に置くことが多いが、「我看过两次这个电影」でも通じる。

**(9)** 中国語 **他们跑进教室去了。**

解説 「走る」は「跑」。「入っていく」は複合方向補語の「进去」で、動詞の後ろに置く。「教室」は場所目的語で、複合補語の間に挟む。「了」は方向補語の後ろに置く。

**(10)** 中国語 **从你家到学校要多长时间？**

解説 「AからBまで」に対応する介詞フレーズは「从A到B」で、これを話題として文頭に置く。「かかる」は動詞「要」を用いる。「どれくらいの時間」は「多长时间」（「多少时间」としても可）で、「要」の目的語になる。

**(11)** 中国語 **跟妈妈一起去百货商店买东西。**

解説 「〜と一緒に」は「跟〜一起」で、状語として動詞句の前に置く。「どこへ〜をしに行く」は動作の行われた順に並べていき、「去＋場所＋すること」になる。

**(12)** 中国語 **他睡得很晚。**

解説 動作や行為の行われ方はどうであるか、どんな程度になっているかを表す場合、様態補語を使う。語順は「主語＋動詞＋得＋その動作・行為の有様を具体的に描写する形容詞など」になる。「寝る」は「睡」か「睡觉」だが、「睡觉」は「動詞＋目的語」のような使われ方をし、様態補語と直接結ぶことができないので、ここでは「睡」になる（P99(**13**)を参照）。

# 日文中訳

(13) 彼女は歌を歌うのがとても上手です。

(14) お父さんはお母さんよりずっと(背が)高い。

(15) 彼のレベルはお父さんのとほとんど同じだ。

(16) 私は彼ほど速く走れない(私は走るのが彼ほど速くはない)。

(17) もうすぐ大学を卒業します。

(18) 私はテレビを見るのがあまり好きではない。

# 解答と解説

**(13)** [中国語] 她（唱）歌唱得很好。

**解説** P97の**(12)**と違い、目的語がつく場合、その目的語は様態補語と直接結ぶことができないので、動詞をもう一度繰り返すことが多い。そのため「主語＋動詞＋目的語＋動詞＋得＋形容詞など」の語順になる。また、目的語の前の動詞はなくてもよく、「主語＋目的語＋動詞＋得＋形容詞など」になる。

**(14)** [中国語] 爸爸比妈妈高得多。

**解説** 「AはBより～」と比較する場合、「A比B＋形容詞など＋比較した差の量」で表す。差が大きい場合、通常「得多（多了でも可）」を使い、小さい場合、「一点儿」で表す。具体的に言う場合、「十公分（10cm）」のようになる。

**(15)** [中国語] 他的水平跟爸爸差不多。

**解説** 「AはBとほとんど同じだ」という場合、「A跟B差不多」で表す。「同じ」場合、「A跟B一样」で表す。「レベル」は「水平」を用いる。

**(16)** [中国語] 我没有他跑得快。

**解説** 「AはBほどではない」は「A没有B＋形容詞など」で表す。「走るのが速い」は様態補語がつく文を使う（P97の**(12)**、上述の**(13)**を参照）。この文は「我跑得没有他快」でも可。

**(17)** [中国語] 马上就要大学毕业了。

**解説** 「もうすぐ～する/になる」は「（马上）就要～了」で表す。「大学を卒業する」は「大学毕业」で、「毕业大学」ではないことに要注意。

**(18)** [中国語] 我不太喜欢看电视。

**解説** 感情を表す動詞「喜欢」は「很」「非常」「最」「不太」のような副詞で修飾することができる。また、よく動詞フレーズを目的語として取る。よく使われる表現としては「我最喜欢吃水饺（私は水餃子が一番好きです）」がある。

# 日文中訳

(19) 私は車を運転できるようになった。
☒

(20) 私は彼が行きたいかどうかわからない。
☒

(21) 彼女は飛行機で来たのです。
☒

(22) お茶を飲みますか、それともコーヒーを飲みますか。
☒

(23) 明日私たちは公園へ行かないことにした。
☒

(24) 辞書を貸してくれませんか。
☒

## 解答と解説

**(19)** 中国語 我会开车了。

**解説** 習得してできる場合には、「会」を用いる。「〜のようになった」という変化を表すには文末に語気助詞の「了」をつける。「けがが治ったので、運転ができるようになった」のように環境や条件が整って「できる」という場合には、「会」ではなく「能」を用いる。

**(20)** 中国語 我不知道他想不想去。

**解説** 「わからない」は「不知道」、「行きたいかどうか」は反復疑問「想不想去」で、「不知道」の目的語になる。

**(21)** 中国語 她是坐飞机来的。

**解説** ある動作・行為について、「誰が」「いつ」「どこ」「どのように」行われたかを説明する、あるいはその説明を求める場合、「是〜的」構文を使う。「是」は説明される部分の前に、「的」は動詞の後ろに置く。

**(22)** 中国語 喝茶还是喝咖啡？

**解説** 選択疑問文は「A还是B」のように、選択される2つの事物の間に「还是」を使う。文末には「吗」を使わないことに注意。

**(23)** 中国語 明天我们不去公园了。

**解説** 「〜をやめる」「を〜しないことにする」は「不〜了」で表す。「不」は動詞の前、「了」は文末に置く。

**(24)** 中国語 借给我你的词典用用，好吗？

**解説** 通常「借りる」は「借」、「貸す」は「借给」で表す。したがって「借给我你的词典（私にあなたの辞書を貸してください）」と二重目的語を取る形でも、「借你的词典（あなたの辞書を借ります）」としても通じる。後ろに「用用」か「用一下」を加えることが多く、文法上は連動文になる。さらに丁寧に頼む場合には、「好吗」の代わりに「〜可以吗」あるいは文頭に「能不能」を置く。

# 单语 名詞②

| 中文 | ピンイン | 日本語 |
|---|---|---|
| 皇帝 | huángdì | 皇帝 |
| 黄瓜 | huánggua | キュウリ |
| 黄油 | huángyóu | バター |
| 会场 | huìchǎng | 会場 |
| 会议 | huìyì | 会議 |
| 婚姻 | hūnyīn | 婚姻 |
| 基本 | jīběn | 基本 |
| 机场 | jīchǎng | 空港 |
| 机械 | jīxiè | 機械 |
| 季节 | jìjié | 季節 |
| 技术员 | jìshùyuán | 技術員、技術者 |
| 记者 | jìzhě | 記者 |
| 剪刀 | jiǎndāo | はさみ |
| 健康 | jiànkāng | 健康 |
| 奖学金 | jiǎngxuéjīn | 奨学金 |
| 交际 | jiāojì | 交際、付き合い |
| 交流 | jiāoliú | 交流 |
| 交通 | jiāotōng | 交通 |
| 教师 | jiàoshī | 教師 |
| 教授 | jiàoshòu | 教授 |
| 阶段 | jiēduàn | 段階 |
| 结论 | jiélùn | 結論 |
| 金属 | jīnshǔ | 金属 |
| 经过 | jīngguò | 経過、いきさつ |
| 经济 | jīngjì | 経済 |
| 京剧 | jīngjù | 京劇 |
| 精神 | jīngshén | 精神、心 |
| 经验 | jīngyàn | 経験 |
| 井 | jǐng | 井戸 |
| 镜子 | jìngzi | 鏡 |
| 橘子 | júzi | ミカン |
| 俱乐部 | jùlèbù | クラブ |
| 卡车 | kǎchē | トラック |
| 科学 | kēxué | 科学 |
| 客厅 | kètīng | 応接室 |
| 空调 | kōngtiáo | 空調、エアコン |
| 困难 | kùnnan | 困難 |
| 垃圾 | lājī | ごみ |
| 篮球 | lánqiú | バスケットボール |
| 篮子 | lánzi | 手提げ籠 |
| 劳动 | láodòng | 労働 |
| 老大娘 | lǎodàniáng | おばあさん |
| 老大爷 | lǎodàye | おじいさん |
| 老人 | lǎorén | 老人 |
| 老太太 | lǎotàitai | おばあさん |
| 老头儿 | lǎotóur | おじいさん |
| 礼貌 | lǐmào | 礼儀 |
| 力量 | lìliang | 力、能力 |
| 利益 | lìyì | 利益 |
| 联系 | liánxì | 連絡 |
| 楼梯 | lóutī | 階段 |
| 旅馆 | lǚguǎn | 旅館 |
| 录音机 | lùyīnjī | レコーダー |
| 马路 | mǎlù | 大通り |
| 馒头 | mántou | マントウ |
| 毛病 | máobing | 故障、欠点 |
| 贸易 | màoyì | 貿易 |
| 煤气 | méiqì | ガス |
| 美术 | měishù | (造形)美術、絵画 |
| 秘密 | mìmì | 秘密 |
| 秘书 | mìshū | 秘書 |
| 棉花 | miánhua | 綿花、綿 |
| 明信片 | míngxìnpiàn | はがき |
| 男人 | nánrén | 男性、男 |
| 泥 | ní | 泥 |
| 女士 | nǚshì | ～女史 |
| 排球 | páiqiú | バレーボール |
| 皮肤 | pífū | 皮膚 |
| 品种 | pǐnzhǒng | 品種 |
| 乒乓球 | pīngpāngqiú | 卓球 |
| 旗子 | qízi | 旗 |
| 气候 | qìhòu | 気候 |
| 气温 | qìwēn | 気温 |
| 气象 | qìxiàng | 気象 |
| 汽油 | qìyóu | ガソリン |
| 签证 | qiānzhèng | ビザ |
| 亲戚 | qīnqi | 親戚 |
| 情况 | qíngkuàng | 情況 |
| 球场 | qiúchǎng | 球場 |
| 球赛 | qiúsài | 球技の試合 |

# [第8章]

## 一問一答

中国語の設問を聞いて、それに対する正しい答えを選択肢から選ぶ問題です。どれも落ち着いて聞けば正確に答えられる問題ばかりなので、CDで繰り返し聞き取り練習しましょう。

リスニング

# 一問一答

CD 1 ▶ 5

＊実際の試験の問題用紙には、問題文、選択肢とも印刷されていません。CDを聞く際には、赤い部分をチェックシートで隠して、聞き取り練習をしましょう。

中国語を聞き、(1)～(20)に対する答えとして最も適当なものを、それぞれ①～④の中から1つ選びなさい。

**(1) 你准备去旅行多长时间？**
①我已经准备好了。　　②我准备了两个钟头儿了。
③我还没开始准备呢。　　④我准备去两个星期。

**(2) 你一个星期上几节汉语课？**
①两节，一节语法，一节会话。　　②我星期一没有汉语课。
③我学了两个星期了。　　④上个星期有汉语课。

**(3) 你父亲做什么工作？**
①我在便利店打工。　　②我在车站附近工作。
③他是公司职员。　　④我爸爸去旅行了。

**(4) 咱们寒假去滑雪吧？**
①不行，我得回老家。　　②不，暑假我想去游泳。
③对，去年我去滑雪了。　　④不，昨天没下雪。

**(5) 黑板上的字你看得见吗？**
①太远，看不清楚。　　②声音太小，听不见。
③黑板没有擦干净。　　④本子上写着几个字。

# 解答と解説

(**1**) [質問訳] 旅行期間はどのくらいの予定ですか。
①もう準備はできました。
②もう2時間準備しています。
③まだ準備もしていません。
④2週間の予定です。

**Answer ④**

[解説]「准备」は通常「準備する」の意味だが、動詞の前に置く場合には「～するつもりである、～する予定である」の意味になる。

(**2**) [質問訳] 中国語の授業は週に何コマ受けていますか。
①2コマです。1コマは文法で、もう1コマは会話です。
②月曜日は中国語の授業はありません。
③もう2週間学んでいます。
④先週中国語の授業がありました。

**Answer ①**

[解説]「几节」がキーワード。「一个星期」と「星期一」の聞き分けも重要。

(**3**) [質問訳] あなたのお父さんの仕事は何ですか。
①私はコンビニエンスストアでアルバイトをしています。
②私は駅の近くで働いています。
③彼は会社員です。
④父は旅行に行きました。

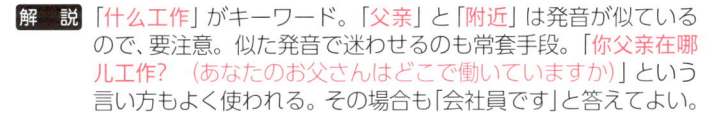

**Answer ③**

[解説]「什么工作」がキーワード。「父亲」と「附近」は発音が似ているので、要注意。似た発音で迷わせるのも常套手段。「你父亲在哪儿工作？（あなたのお父さんはどこで働いていますか)」という言い方もよく使われる。その場合も「会社員です」と答えてよい。

(**4**) [質問訳] 冬休みにスキーに行きましょうよ。
①だめです、私は実家に帰らなければいけません。
②いいえ、夏休みは泳ぎに行きたいです。
③はい、去年スキーをしました。
④いいえ、昨日雪は降りませんでした。

**Answer ①**

[解説] これからのことか、それとも過ぎたことかを判断することが重要。「不」や「対」などの短い応答で迷わせるのも常套手段。

(**5**) [質問訳] 黒板の字が見えますか。
①遠すぎてはっきり見えません。
②声が小さすぎて聞こえません。
③黒板はきれいになっていません。
④ノートには字がいくつか書いてあります。

**Answer ①**

[解説]「看得见吗」を聞き取れれば、①「看不清楚」が一番ふさわしいことがわかる。

# 一问一答

**(6) 你怎么现在才来?**
① 我坐公共汽车来吧?　　② 我明天再来,好吗?
③ 今天我起晚了,对不起。　　④ 对不起,我现在没时间。

**(7) 将来你想干什么工作?**
① 我原来是小学老师。　　② 我来借一本参考书。
③ 我还没有好好想呢。　　④ 我在一个饭店打工。

**(8) 你法语说得怎么样?**
① 我语法不太好。　　② 我刚开始学,还不会说。
③ 他法语说得不好。　　④ 汉语的发音很难。

**(9) 你打了多长时间网球?**
① 打了一个半小时。　　② 我网球打得不好。
③ 我是跟小王一起打的。　　④ 我最喜欢打棒球。

**(10) 借你的自行车用一下,可以吗?**
① 对,我借了小李的自行车。　　② 对不起,我没有汽车。
③ 不行,这里不能放自行车。　　④ 哎呀,我的车让小王骑走了。

## 解答と解説

**(6)** 質問訳 どうして今頃来たのですか。
①私はバスで来ましょう。
②明日また来ます、よろしいですか。
③今日は起きるのが遅かったんです、すみません。
④すみません、今時間がありません。

Answer ③

解説 「怎么」で遅刻の理由を聞いて責めていることを聞き取れれば、③が正解であることがわかる。

**(7)** 質問訳 将来はどんな仕事をしたいですか。
①私はもともと小学校の先生でした。
②私は参考書を1冊借りに来た。
③まだよく考えていません。
④私はホテルでアルバイトをしています。

Answer ③

解説 「将来」を聞き取ることがポイントになる。

**(8)** 質問訳 フランス語はどのくらい話せますか。
①文法がいまひとつです。
②勉強し始めたばかりで、まだ話せません。
③彼はフランス語の話し方が上手ではありません。
④中国語の発音は難しいです。

Answer ②

解説 「语法」「法语」「发音」の聞き分けと人称に注意。

**(9)** 質問訳 どのくらいテニスをしたのですか。
①1時間半プレーしました。
②私はテニスが下手です。
③私は王君とプレーしました。
④私は野球がいちばん好きです。

Answer ①

解説 「多长时间」がキーワード。時間で答えているのは①のみ。

**(10)** 質問訳 あなたの自転車をお借りしてもよろしいですか。
①ええ、私は李君の自転車を借りました。
②すみません、私は自動車を持っていません。
③いいえ、ここに自転車を置いてはいけません。
④あっ、私の自転車は王さんに乗って行かれました。

Answer ④

解説 「用一下，可以吗？」が聞き取れれば、(①の「借りた」でも、③の「放置する」でもなく) これから借りたいということがわかる。「自行车」と「汽车」の聞き分けも重要。

# 一问一答

(11) 你平常怎么来学校?
① 我一般坐地铁。　② 我昨天有事儿没来。
③ 我九点多才来。　④ 我星期六不用来学校。

(12) 你哪儿不舒服?
① 今天天气真舒服!　② 这张床躺着不舒服。
③ 头疼,嗓子疼。　④ 他可能感冒了。

(13) 这本杂志你看过吗?
① 我从来不看这种杂志。　② 我很喜欢看杂技。
③ 我看过这张报纸。　④ 书架上有很多杂志。

(14) 这次出差去几天?
① 我八点半去。　② 我后天出发。
③ 要待一个星期。　④ 三月二十六号去。

(15) 刚才你干什么去了?
① 我正在打电话呢。　② 咱们明天再去吧。
③ 我不知道干什么好。　④ 我买牛奶去了。

## 解答と解説

**(11)** [質問訳] あなたはふだんどうやって学校に来ているのですか。
① 私はたいてい地下鉄を使います。
② 私は昨日用事があって来ませんでした。
③ 私は9時を回ってから来ました。
④ 土曜日は学校に来る必要はありません。

Answer: ①

[解説]「平常」は「通常」で「昨天」と「星期六」は一致しない。「怎么」は方式を尋ねるので「九点多」も合わない。

**(12)** [質問訳] 具合が悪いのはどこですか。
① 今日の天気は気持ちいいですね。
② このベッドは寝心地が悪いです。
③ 頭と喉が痛いです。
④ 彼は風邪をひいたかもしれません。

Answer: ③

[解説] 身体の具合と関係があるのは③と④だが、④は人称が合わない。

**(13)** [質問訳] あなたはこの雑誌を読んだことがありますか。
① この手の雑誌は読んだことがありません。
② 私は雑技を見るのが好きです。
③ 私はこの新聞を読みました。
④ 本棚には雑誌がたくさんあります。

Answer: ①

[解説]「杂志」と「杂技」を聞き分けることが重要。

**(14)** [質問訳] 今回の出張は何日間ですか。
① 私は8時半に行きます。
② 私はあさって出発します。
③ 1週間滞在する予定です。
④ 3月26日に行きます。

Answer: ③

[解説]「几天」が「何日間」のことだとわかれば、不正解を排除できる。

**(15)** [質問訳] さっき何をしに行ったのですか。
① 私はいま電話中です。
② 明日になってから行きましょう。
③ どうしたらよいかわかりません。
④ 牛乳を買いに行きました。

Answer: ④

[解説]「刚才」が「先ほど」のことだとわかれば、不正解を排除できる。

# 一问一答

**(16)** 业余时间你都干什么？
① 上班时间忙得很。　　② 下个星期我有时间。
③ 你干什么都可以。　　④ 我常跟朋友去打网球。

**(17)** 你特别爱看电视，是吧？
① 不，我一般只看新闻节目。　　② 对，我每天都上网。
③ 对，电视机越来越便宜了。　　④ 不，我很少去电影院。

**(18)** 下了课你要去哪儿？
① 我们四点十分下课。　　② 下课以后我要去打工。
③ 毕业以后想去留学。　　④ 我们在308教室上课。

**(19)** 今天来不及了，怎么办？
① 今天星期四。　　② 天气预报说今天下雨。
③ 那就改天再去吧。　　④ 今天晚上来我家吃吧。

**(20)** 你是在哪儿学的意大利语？
① 我是在大学学的。　　② 我在意大利的时候见过他。
③ 我准备去意大利留学。　　④ 我写在黑板上了。

## 解答と解説

(16) [質問訳] 余暇には何をしますか。
①勤務時間中はとても忙しいです。
②来週は時間があります。
③何をしてもいいですよ。
④私はよく友人とテニスをしに行きます。

**Answer ④**

[解説]「业余时间」がわからなくても、「干什么」だけ理解できれば、正解が導ける。

(17) [質問訳] あなたはテレビが大好きでしょう。
①いいえ、私は普段ニュース番組しか見ません。
②ええ、その通りです。私は毎日インターネットをやっています。
③ええ、テレビはますます安くなっています。
④いいえ、私は映画館にはめったに行きません。

**Answer ①**

[解説] 質問の「看电视」が聞き取れれば、「上网」「便宜」「电影院」は違うことを言っているのがわかる。

(18) [質問訳] 授業が終わったらどこに行くのですか。
①授業は4時10分に終わります。
②授業が終わったらアルバイトに行きます。
③卒業したら留学しようと思っています。
④私たちは308教室で授業を受けます。

**Answer ②**

[解説]「去哪儿」がキーワード。「毕业」と「下课」の聞き分けは簡単。

(19) [質問訳] 今日は間に合いません、どうしましょう。
①今日は木曜日です。
②大気予報では今日は雨が降ると言っていました。
③それなら別の日に行きましょう。
④今晩我が家へ食事にいらっしゃい。

**Answer ③**

[解説]「怎么办？」を聞き取れれば、①と②を排除できる。「来不及」の意味がわかれば、③がふさわしい答えだとわかる。

(20) [質問訳] あなたはどこでイタリア語を学んだのですか。
①私は大学で学んだのです。
②私はイタリアに行った時に、彼を見かけたことがあります。
③私はイタリアに留学するつもりです。
④私は黒板に書きました。

**Answer ①**

[解説]「在哪儿学的」は過去のことを尋ねているので、③は違うとわかる。「学」と「写」を聞き分けられれば、④も排除できる。

# 単語 名詞③

| 中文 | ピンイン | 日本語 |
|---|---|---|
| 认识 | rènshi | 認識 |
| 任务 | rènwu | 任務 |
| 色彩 | sècǎi | 色、彩り |
| 森林 | sēnlín | 森林 |
| 沙漠 | shāmò | 砂漠 |
| 商场 | shāngchǎng | マーケット、デパート |
| 商业 | shāngyè | 商業 |
| 蛇 | shé | 蛇 |
| 舌头 | shétou | 舌 |
| 生命 | shēngmìng | 生命、命 |
| 绳子 | shéngzi | ロープ、縄 |
| 胜利 | shènglì | 勝利 |
| 狮子 | shīzi | ライオン |
| 食品 | shípǐn | 食品、食料品 |
| 食物 | shíwù | 食物、食べ物 |
| 石头 | shítou | 石 |
| 石油 | shíyóu | 石油 |
| 世纪 | shìjì | 世紀 |
| 手机 | shǒujī | 携帯電話 |
| 手绢 | shǒujuàn | ハンカチ |
| 手套 | shǒutào | 手袋 |
| 书包 | shūbāo | かばん |
| 数学 | shùxué | 数学 |
| 水道 | shuǐdào | 水道 |
| 水平 | shuǐpíng | レベル、水準 |
| 司机 | sījī | 運転手 |
| 思想 | sīxiǎng | 考え、思想 |
| 孙子 | sūnzi | 孫 |
| 态度 | tàidu | 態度、振る舞い |
| 太太 | tàitai | 奥さん |
| 体温 | tǐwēn | 体温 |
| 同时 | tóngshí | 同時（に） |
| 同事 | tóngshì | 同僚 |
| 土豆 | tǔdòu | ジャガイモ |
| 外交 | wàijiāo | 外交 |
| 胃 | wèi | 胃 |
| 舞蹈 | wǔdǎo | 舞踏 |
| 物理 | wùlǐ | 物理 |
| 西瓜 | xīguā | スイカ |
| 现实 | xiànshí | 現実 |
| 现象 | xiànxiàng | 現象 |
| 香蕉 | xiāngjiāo | バナナ |
| 香皂 | xiāngzào | 化粧石鹸 |
| 乡下 | xiāngxia | 田舎 |
| 象 | xiàng | 象 |
| 消息 | xiāoxi | ニュース、報道、便り |
| 小孩儿 | xiǎoháir | 子供 |
| 血 | xiě | 血 |
| 信封 | xìnfēng | 封筒 |
| 信心 | xìnxīn | 確信、自信 |
| 星星 | xīngxing | 星 |
| 性格 | xìnggé | 性格 |
| 兴趣 | xìngqù | 興味 |
| 熊猫 | xióngmāo | パンダ |
| 需要 | xūyào | 必要、需要 |
| 学问 | xuéwen | 学問 |
| 牙刷 | yáshuā | 歯ブラシ |
| 烟花 | yānhuā | 花火 |
| 阳光 | yángguāng | 日光 |
| 样子 | yàngzi | 見かけ、ありさま |
| 钥匙 | yàoshi | 鍵 |
| 因特网 | yīntèwǎng | インターネット |
| 艺术 | yìshù | 芸術 |
| 意思 | yìsi | 意味 |
| 愿望 | yuànwàng | 願望 |
| 杂技 | zájì | 雑技、曲芸 |
| 责任 | zérèn | 責任 |
| 展览会 | zhǎnlǎnhuì | 展覧会 |
| 政策 | zhèngcè | 政策 |
| 植物 | zhíwù | 植物 |
| 职业 | zhíyè | 職業 |
| 周围 | zhōuwéi | 周り、周囲 |
| 主席 | zhǔxí | 主席 |
| 主意 | zhǔyi | 意見、考え |
| 资料 | zīliào | 資料 |
| 资源 | zīyuán | 資源 |
| 字母 | zìmǔ | アルファベット |
| 自然 | zìrán | 自然 |
| 总理 | zǒnglǐ | 総理、首相 |
| 祖国 | zǔguó | 祖国 |
| 作品 | zuòpǐn | 作品 |

## [第9章]

# ABA対話

AとB、2人の対話を聞いて、自然な会話の流れになる答えを選ぶ問題です。ごく普通に交わされる社交辞令的なやりとりや質問に対して質問で答える変則的なケースなど、中検の頻出パターンにしっかりと慣れておきましょう。

リスニング

CHUKEN
3RD GRADE

# ABA対話

＊実際の試験の問題用紙には、問題文、選択肢とも印刷されていません。CDを聞く際には、赤い文字をチェックシートで隠して、聞き取り練習をしましょう。

次のＡとＢの対話を聞き、Ｂの発言に続くＡのことばとして最も適当なものを、それぞれ①～④の中から１つ選びなさい。

（1） Ａ：这几天怎么看不到田中？
　　　Ｂ：他不是去中国出差了吗？
　　　Ａ：
　　　①他生什么病了？
　　　②他下星期回来。
　　　③他什么时候从美国回来？
　　　④是呀，我怎么给忘了。


（2） Ａ：我还没有吃过北京烤鸭呢。
　　　Ｂ：那我们明天去吃吧？
　　　Ａ：
　　　①我明天有别的事，后天怎么样？
　　　②北京烤鸭真好吃。
　　　③你吃过北京烤鸭吧？
　　　④我后天没有时间。

# 解答と解説

**（1）** [質問訳] A：ここ数日、田中さんを見かけないのはどうして？
B：彼は中国出張に行ったのではなかった？
A：

①彼は何の病気ですか？
②彼は来週戻ります。
③彼はいつアメリカから帰りますか？
④そうでした。どうして忘れていたのでしょう。

**Answer ④**

[解説] ①②③は「中国出張に行った」と指摘された後の対応として、ふさわしくない。


**（2）** [質問訳] A：私はまだ北京ダックを食べたことがありません。
B：じゃ、明日食べに行きましょうか？
A：

①明日はほかに用事があるので、あさってはどう？
②北京ダックは本当に美味しいです。
③北京ダックは食べたことがあるでしょう？
④あさっては時間がありません。

**Answer ①**

[解説]「明日行こう」という誘いに対して、②③④はふさわしい応答でない。会話の流れとして適切なのは①のみ。

# ABA对话

(3) A：我打算明年去中国留学三个月。
　　B：真好哇。不过时间太短了吧。
　　A：
　　①起码应该去半年。
　　②工作忙，没有太多时间。
　　③我也想去留学。
　　④我四月去。

(4) A：今天向你学到很多东西。
　　B：哪里哪里。以后多联系吧。
　　A：
　　①我一定好好练习。
　　②好，希望经常联系。
　　③对，应该多练习。
　　④我还没跟她联系。

# 解答と解説

**(3)** 質問訳 A：来年、3 カ月間、中国へ留学するつもりです。
B：いいですね。ただ期間が短すぎませんか。
A：

① 少なくとも半年は行くべきです。
② 仕事が忙しくて時間があまり取れません。
③ 私も留学したいです。
④ 4 月に行きます。

**Answer ②**

解説　「留学期間が短かすぎるのでは？」という点が話題なので、②しか答えにならない。①はBの立場の発言で、不正解。この手の引っ掛けも頻出する。

**(4)** 質問訳 A：今日は大変いい勉強になりました。
B：とんでもありません。これからも密に連絡を取り合いましょう。
A：

① 必ずしっかりと練習します。
② はい、頻繁に連絡してください。
③ はい、多く練習すべきです。
④ 私はまだ彼女に連絡していません。

**Answer ②**

解説　「これからも密に交流しましょう」の提言にふさわしい応答は②のみ。①③は類似音のひっかけ。

# 単語

形容詞①

| 中文 | ピンイン | 意味 |
|---|---|---|
| 安全 | ānquán | 安全な |
| 薄 | báo | 薄い |
| 宝贵 | bǎoguì | 大切だ、希少価値のある |
| 饱 | bǎo | 満腹だ、飽きた |
| 笨 | bèn | 愚かである、不器用である |
| 必然 | bìrán | 必然的な |
| 必要 | bìyào | 必要な |
| 别的 | biéde | 別の |
| 差 | chà | 劣っている |
| 吵 | chǎo | 騒がしい |
| 臭 | chòu | くさい |
| 粗心 | cūxīn | そそっかしい、軽率である |
| 错 | cuò | 誤っている |
| 单调 | dāndiào | 単調である |
| 淡 | dàn | (味・色が)薄い |
| 饿 | è | お腹が空いた |
| 恶心 | ěxīn | 吐き気を催す、むかつく |
| 反复 | fǎnfù | 度重なる、繰り返される |
| 肥 | féi | 肥えている、(服などが)ゆったりしている |
| 复杂 | fùzá | 複雑な |
| 高大 | gāodà | 高くて大きい |
| 共同 | gòngtóng | 共同の |
| 够 | gòu | 十分な |
| 怪 | guài | おかしい |
| 好玩儿 | hǎowánr | 愛嬌がある、おもしろい |
| 厚 | hòu | 厚い |
| 花 | huā | 色とりどりの |
| 欢喜 | huānxǐ | うれしい、楽しい |
| 活泼 | huópo | 活発である |
| 假 | jiǎ | 偽りである |
| 简便 | jiǎnbiàn | 簡便である、簡単である |
| 精细 | jīngxì | 精密である、細かい |
| 精致 | jīngzhì | 手が込んでいる、細かい |
| 开心 | kāixīn | 愉快である |
| 可靠 | kěkào | 信頼できる、確かである |
| 可怜 | kělián | かわいそうな |
| 可惜 | kěxī | 惜しい、残念である |
| 可笑 | kěxiào | 笑うべきである、おかしい |
| 空 | kōng | からの |
| 懒 | lǎn | 不精だ |
| 老实 | lǎoshi | 誠実である、正直である |
| 亮 | liàng | 明るい |
| 了不起 | liǎobuqǐ | すばらしい、たいした |
| 乱 | luàn | 乱れている |
| 马虎 | mǎhu | そそっかしい、いいかげんだ |
| 满 | mǎn | いっぱいの、満ちている |
| 满意 | mǎnyì | 満足する |
| 美好 | měihǎo | 美しい、よい、すばらしい |
| 美丽 | měilì | きれいである、美しい |
| 耐心 | nàixīn | 辛抱強い |
| 难过 | nánguò | 困難である、つらい |
| 难受 | nánshòu | 苦しい、つらい |
| 能干 | nénggàn | 有能である |
| 浓 | nóng | 濃い |
| 努力 | nǔlì | 努力している |
| 偶然 | ǒurán | 偶然である |
| 平安 | píng'ān | 無事である、安全である |
| 奇怪 | qíguài | 奇妙である、不思議な |
| 巧 | qiǎo | 巧妙な、うまく一致した |
| 穷 | qióng | 貧しい |
| 热烈 | rèliè | 熱烈である、積極的だ |
| 热心 | rèxīn | 熱心である |
| 傻 | shǎ | 頭が悪い、愚かである |
| 顺利 | shùnlì | 順調である |
| 所有 | suǒyǒu | あらゆる、すべての |
| 讨厌 | tǎoyàn | 嫌だ |
| 同样 | tóngyàng | 同様である、差がない |
| 痛苦 | tòngkǔ | 苦しい |
| 痛快 | tòngkuai | 痛快な、うれしい |
| 团结 | tuánjié | まとまりのある、仲がよい |
| 完全 | wánquán | 完全な、完全である |
| 危险 | wēixiǎn | 危険な、危ない |
| 香 | xiāng | 香りがよい |
| 相反 | xiāngfǎn | 相対する、逆である |
| 相似 | xiāngsì | 似ている |
| 相同 | xiāngtóng | 同じである |
| 详细 | xiángxì | 詳しい |

［第 **10** 章］

# 内容理解

中国語の長文を聞いて、それに対する設問について解答していく問題です。第1章と同様に、正確に聞き取れるように繰り返し練習しましょう。また、実際の試験に即した形式で問題を収録しているので、出題形式に慣れておきましょう。

リスニング

CHUKEN
3RD GRADE

# 内容理解

＊実際の試験の問題用紙には、長文、選択肢とも印刷されていません。CDを聞く際には、赤い部分をチェックシートで隠して、聞き取り練習をしましょう。

**問題 1** 中国語を聞き、次の(1)～(5)の質問の答えとして正しいものを、それぞれ①～④の中から1つ選びなさい。

我来自我介绍一下。我是日本人。我姓中村,叫中村健一,中国的中,农村的村,一二三的一,健康的健。我是大学三年级的学生,专业是历史。我对中国近代史很感兴趣。我已经学了两年汉语了,可是我的水平还很低,特别是口语。在日本没有说汉语的机会。我想通过这次短期留学,好好儿提高一下自己的口语能力。我这是第一次来中国,对这儿的情况不了解,生活还不太习惯,请大家今后多多帮助。

(1) "我"叫什么名字？
- ①田中将一
- ②田中健一
- ③中村健一
- ④中村将一

(2) "我"上几年级？
- ①一年级
- ②二年级
- ③三年级
- ④四年级

(3) "我"对什么感兴趣？
- ①中国近代史
- ②中国古代史
- ③中国文学
- ④中国农村问题

(4) "我"学了多长时间汉语了？
- ①一年
- ②两年
- ③三年
- ④一年半

(5) "我"来中国干什么？
- ①旅游
- ②短期留学
- ③长期留学
- ④出差

120

# 解 答 と 解 説

＊全訳⇒P132

**(1)** [質問訳]「私」は何という名前ですか。
①田中将一　　　　　　②田中健一
③中村健一　　　　　　④中村将一

[解説]「什么名字」はフルネームを尋ねる表現。自己紹介の時、よく使う言葉を用いて自分の名前を説明する。注意して聞こう。

Answer ③

**(2)** [質問訳]「私」は何年生ですか。
①1年生　　　　　　　②2年生
③3年生　　　　　　　④4年生

[解説]「我是大学三年级的学生(私は大学3年生です)」と言っているので③を選ぶ。質問文の「年級」は「学年」という意味。

Answer ③

**(3)** [質問訳]「私」は何に興味を持っていますか。
①中国近代史　　　　　②中国古代史
③中国文学　　　　　　④中国の農村問題

[解説]「感兴趣」で「興味がある」意味。「有兴趣」とも言う。

Answer ①

**(4)** [質問訳]「私」は中国語を勉強してどのくらいになりますか。
①1年　　　　　　　　②2年
③3年　　　　　　　　④1年半

[解説]数字の2は、量詞の時は「二」ではなく「两」を使う。「三年级」と「第一次」などの数字も長文中に出てくるので、惑わされないように。

Answer ②

**(5)** [質問訳]「私」は中国へ何をしに来たのですか。
①観光　　　　　　　　②短期留学
③長期留学　　　　　　④出張

[解説]「干」は「する」で、同様の意味で「做」も使え、「做什么」と言うこともできる。

Answer ②

# 内容理解

**問題2** 中国語を聞き、次の(1)～(5)の質問の答えとして正しいものを、それぞれ①～④の中から1つ選びなさい。

今天我的朋友小林打来电话,说她姐姐给了她两张电影票。她问我明天有没有时间,想请我跟她一起去看电影,我很高兴地答应了。我问她是什么电影,哪国的,她说她也不清楚,只知道是一个新电影。
我来日本四年了,只去电影院看过两次电影,主要是没有时间,电影票也太贵。不过我很喜欢看电影,所以周末我常常借光盘在家里看。

(1)"我"和小林什么时候去看电影?
①今天　　　　　　②明天
③后天　　　　　　④周末

(2)电影票是谁给的?
①小林的姐姐　　　②小林的朋友
③小林的奶奶　　　④小林的妈妈

(3)是哪国的电影?
①美国电影　　　　②日本电影
③法国电影　　　　④不知道

(4)来日本以后去电影院看过几次电影?
①一次　　　　　　②两次
③三次　　　　　　④四次

(5)周末"我"常常在家干什么?
①听音乐　　　　　②看小说
③看光盘　　　　　④打电话

## 解答と解説

＊全訳⇒P132

(1) [質問訳] 「私」と小林さんはいつ映画を見に行きますか。
①今日　　　　　　　　　②明日
③あさって　　　　　　　④週末

**Answer ②**

[解説] 小林さんは明日の都合を尋ねているので、正解は「明天」。

(2) [質問訳] 映画のチケットをくれたのは誰ですか。
①小林さんのお姉さん　　②小林さんの友達
③小林さんのおばあさん　④小林さんのお母さん

**Answer ①**

[解説] 「是谁给的电影票?」と言ってもよい。「姐姐」が聞きとれれば、正解がわかる。

(3) [質問訳] どこの国の映画ですか。
①アメリカ映画　　　　　②日本映画
③フランス映画　　　　　④わからない

**Answer ④**

[解説] チケットをくれる小林さんも「不清楚 (はっきりわからない)」と言っているので、正解は④「不知道」になる。

(4) [質問訳] 日本に来てから何回映画館に行ったことがありますか。
①1回　　　　　　　　　②2回
③3回　　　　　　　　　④4回

**Answer ②**

[解説] 「2回」は「两次」だが「2回目」は「第二次」となる。

(5) [質問訳] 「私」は週末はいつも家で何をしていますか。
①音楽を聞く　　　　　　②小説を読む
③DVDを見る　　　　　　④電話をする

**Answer ③**

[解説] CDもDVDも「光盘」と言うが、「看光盘」と言えばDVDのこと。

# 内容理解

**問題 3** 中国語を聞き、次の(1)～(5)の質問の答えとして正しいものを、それぞれ①～④の中から1つ選びなさい。

　　　小李和爱人都喜欢喝咖啡，但是爱人喝得不如小李多。他爱人每天只喝一、两杯，小李一天要喝五、六杯。爱人喝咖啡的时候，只加牛奶，不加糖；小李加牛奶也加糖。可是，最近可能因为工作太紧张，小李的胃有点儿不舒服。大夫让他少喝咖啡，所以小李现在不喝咖啡，改喝茶了。小李家里有很多茶：红茶、花茶、绿茶、乌龙茶什么的，都是朋友送的，他自己从来不买茶。在各种茶里，小李最喜欢的还是花茶，他特别喜欢茉莉花的香味儿。

(1) 小李的爱人一天喝几杯咖啡？
　　□　①一、两杯　　　　　②两、三杯
　　　　③三、四杯　　　　　④五、六杯

(2) 小李喝咖啡加牛奶和糖吗？
　　□　①加牛奶，不加糖　　②加糖，不加牛奶
　　　　③糖和牛奶都不加　　④糖和牛奶都加

(3) 最近小李为什么不喝咖啡了？
　　□　①因为睡觉不好　　　②因为喜欢喝茶了
　　　　③因为胃不好　　　　④因为不喜欢喝了

(4) 小李家的茶都是哪儿来的？
　　□　①小李自己买的　　　②朋友送的
　　　　③小李爱人买的　　　④父母给的

(5) 小李最喜欢什么茶？
　　□　①花茶　　　　　　　②红茶
　　　　③绿茶　　　　　　　④乌龙茶

# 解答と解説

＊全訳⇒P132

**(1)** 質問訳 李君の奥さんは1日にコーヒーを何杯飲みますか。
① 1、2杯　　　　　② 2、3杯
③ 3、4杯　　　　　④ 5、6杯

解説 まずは「小李」と「爱人」のどちらについて質問しているかを聞き分けなければならない。聞き違えて④を選ばないように注意。

Answer ①

**(2)** 質問訳 李君はコーヒーにミルクと砂糖を入れますか。
①ミルクは入れるが砂糖は入れない
②砂糖は入れるがミルクは入れない
③砂糖もミルクも入れない
④砂糖もミルクも入れる

解説 奥さんは「加牛奶,不加糖」、李君は「加牛奶也加糖」と、情報が多いので、混乱しないように注意すること。

Answer ④

**(3)** 質問訳 最近、李君はなぜコーヒーを飲まなくなったのですか。
①よく眠れないから　　②お茶が好きだから
③胃が悪いから　　　　④嫌いになったから

解説 「喜欢喝茶」は「不喝咖啡」の結果で、原因ではないことに注意すること。

Answer ③

**(4)** 質問訳 李君の家のお茶はどうやって手に入れたものですか。
①李君が自分で買った　　②友人からもらった
③李君の奥さんが買った　　④両親がくれた

解説 「哪儿来的(从哪儿来的)」は、「どこから来たの？」の意味。

Answer ②

**(5)** 質問訳 李君が一番好きなのは何のお茶ですか。
①花茶　　　　　　　　②紅茶
③緑茶　　　　　　　　④ウーロン茶

解説 長文中の「还是」は「やはり」の意味で、いくつかのものを比較して中から選び出す時に使う。

Answer ①

# 内容理解

**問題 4** 中国語を聞き、次の(1)〜(5)の質問の答えとして正しいものを、それぞれ①〜④の中から1つ選びなさい。

　　　昨天下午下课以后觉得有点儿不舒服。吃完晚饭很早就躺下睡了。可是今天起床以后更难受了，头疼，嗓子也疼。上午我没去上课，去学校附近的医院看了看。大夫说我感冒了，给我开了一点儿药，让我多喝水，好好儿休息。还说病好了以后要注意多锻炼身体。
　　　其实，我本来挺喜欢运动的。上初中的时候，差不多每天都打篮球。可是上了高二以后，要准备考大学，每天除了去学校以外，还得上课外补习班，锻炼就越来越少了。上了大学以后，功课还是很多，一直没怎么锻炼。看来今后得多参加一些体育活动了。

(1)"我"什么时候开始觉得不舒服？
　①昨天早上　　　　　　②昨天下午
　③昨天晚上　　　　　　④今天上午

(2)"我"哪儿不舒服？
　①头晕，嗓子疼　　　　②头疼，肚子疼
　③头疼，嗓子疼　　　　④腿疼，嗓子疼

(3)"我"喜欢什么运动？
　①网球　　　　　　　　②篮球
　③足球　　　　　　　　④棒球

(4)"我"从什么时候开始锻炼少了？
　①上初中的时候　　　　②前几天
　③上大学以后　　　　　④上高二的时候

(5)"我"为什么锻炼少了？
　①学习太忙　　　　　　②不喜欢运动了
　③身体不好了　　　　　④早上起不来

# 解 答 と 解 説

＊全訳⇒P133

**(1)** [質問訳] いつから具合が悪くなったのですか。
①昨日の朝　　　　　　②昨日の午後
③昨日の夜　　　　　　④今日の午前

**Answer ②**

[解 説] 「开始」がキーワード。具合が悪いのはいつからのことか聞いている。長文では時間に関する情報が多いので、注意して聞くことが重要。

**(2)** [質問訳] どこの具合が悪いのですか。
①めまい、喉が痛い　　②頭痛、お腹が痛い
③頭痛、喉が痛い　　　④足が痛い、喉が痛い

**Answer ③**

[解 説] 「头晕」「腿疼」と「头疼」、「肚子」と「嗓子」の聞き分けに注意。

**(3)** [質問訳] 何のスポーツが好きですか。
①テニス　　　　　　　②バスケットボール
③サッカー　　　　　　④野球

**Answer ②**

[解 説] 自分でプレーするのが好きな場合は「喜欢打～」、観戦するのが好きな場合は「喜欢看～」を使う。常用のスポーツ用語を覚えよう。

**(4)** [質問訳] いつからトレーニングすることが少なくなったのですか。
①中学校の時　　　　　②先日
③大学に入ってから　　④高２の時

**Answer ④**

[解 説] 中学は「初中」、高校は「高中」と言う。学年は「初一＝初中一年级」「高二＝高中二年级」と略して言うことができる。２年生は「二年级」。「两年级」ではないので注意。

**(5)** [質問訳] なぜトレーニングすることが少なくなったのですか。
①勉強が忙しい　　　　②スポーツが嫌いになった
③体の調子が悪くなった　④朝起きられない

**Answer ①**

[解 説] 正解の「太忙」という語自体は出てこないが、文脈から推測できる。

第10章　内容理解

127

# 内容理解

**問題 5** 中国語を聞き、次の(**1**)～(**5**)の質問の答えとして正しいものを、それぞれ①～④の中から1つ選びなさい。

李东：山田，你来上海留学快一年了吧？

山田：是啊，差一个月就一年了。时间过得真快啊。

李东：你家在日本什么地方？

山田：在东京。坐飞机到上海只要三个小时。

李东：真方便。你经常回去吧。

山田：不。飞机票很贵，我只回去过一次。

李东：家里都有谁？

山田：你看，这是我家的全家照。这是我爸爸和妈妈。爸爸是大学老师。

李东：你妈妈工作吗？

山田：妈妈不工作。

李东：这是你哥哥吧，跟你真像。

山田：是呀，别人都这么说。他在银行工作。旁边是他爱人。他们结婚两年了，现在和我父母住在一起。

李东：你家是五口人吗？

山田：现在是，但马上就六口人了。

李东：怎么回事？

山田：下个月我哥哥的孩子就要出生了。

（1）山田来上海多久了？
☑ ①刚好一年。
② 一年零一个月。
③ 不到一年。
④ 差不多一个月。

（2）山田为什么没有经常回去？
☑ ① 因为学习很忙。
② 因为飞机票太贵。
③ 因为打工很忙。
④ 因为不想回去。

（3）山田的父亲现在做什么工作？
☑ ① 公务员。
② 银行职员。
③ 中学老师。
④ 大学老师。

（4）山田的哥哥什么时候结的婚？
☑ ① 今年。
② 半年前。
③ 前年。
④ 四年前。

（5）山田一家现在有几口人？
☑ ① 三口人。
② 四口人。
③ 五口人。
④ 六口人。

第10章 内容理解

## 解 答 と 解 説

＊全訳⇒P133

（1）[質問訳] 山田さんが上海に着いてからどれぐらい経ちましたか。
　①ちょうど1年。
　②1年1か月。
　③1年足らず。
　④1か月くらい。

Answer ③

　[解説]「**差一个月就一年了**（あと1か月で1年になる）」なので、③を選ぶ。「**差**（足りない）」の使い方を覚えよう。「**一年零一个月**」などに惑わされないように。

（2）[質問訳] 山田さんはなぜ頻繁に帰らないのですか。
　①勉強が忙しいから。
　②航空券が高いから。
　③アルバイトが忙しいから。
　④帰りたくないから。

Answer ②

　[解説]「**飞机票很贵**（航空券が高い）」を聞き取れれば、②を選べる。

（3）[質問訳] 山田さんのお父さんは現在、どんな仕事をしていますか？
　①会社員。
　②銀行員。
　③中学校の先生。
　④大学の先生。

Answer ④

　[解説] 銀行員は兄のこと。「**爸爸是大学老师**（現在は大学の先生）」から④を選ぶ。

(**4**) [質問訳] 山田さんのお兄さんはいつ結婚したのですか。
① 今年。
② 半年前。
③ 一昨年。
④ 4年前。

[解説]「他们结婚两年了（2年前に結婚した）」から、③の「前年（一昨年）」が正解だと推測できる。

**Answer** ③

(**5**) [質問訳] 山田さん一家は現在、何人家族ですか。
① 3人家族。
② 4人家族。
③ 5人家族。
④ 6人家族。

[解説] 6人になるのは、来年の話。現在の人数を聞いているので③を選ぶ。

**Answer** ③

# 内容理解全訳

**問題 1** ⇒P120

自己紹介します。私は日本人で、名字は中村、フルネームは中村健一といいます。中国の「中」に、農村の「村」、一二三の「一」、健康の「健」です。大学3年生で、歴史を専攻しており、中国近代史にとても興味があります。中国語を勉強して2年になりますが、まだレベルは低いです。特にスピーキングに関しては。日本にいると中国語を話す機会がありません。今回の短期留学で、スピーキングの力をしっかり磨きたいと考えています。中国に来たのは今回が初めてで、こちらの事情に疎く、まだ生活にもあまり慣れていませんが、皆さんこれからどうぞよろしくお願いします。

**問題 2** ⇒P122

今日、友人の小林さんが、お姉さんから映画のチケットを2枚もらったと言って、電話をかけてきました。彼女は私に明日時間があるかと尋ね、一緒に映画を見に行こうと誘ってくれました。私は大喜びでOKしました。私は彼女に、どこの国の何という映画か聞いたのですが、彼女もよく知らず、封切り映画だということしかわからないと言っていました。

私は日本に来て4年になりますが、映画館へ映画を見に行ったのはたったの2回だけです。まず時間がありませんし、それにチケット代が高すぎるからです。でも映画は大好きなので、週末はいつもDVDを借りてきて家で見ています。

**問題 3** ⇒P124

李君と奥さんは2人ともコーヒーが好きですが、奥さんは李君ほどたくさんは飲みません。奥さんは毎日1、2杯しか飲まず、李君は5、6杯飲みます。奥さんはコーヒーを飲む時、ミルクだけ入れて、砂糖は入れませんが、李君はミルクも砂糖も入れます。けれども最近、仕事が忙しいせいか、李君は胃の調子がよくありません。医者からコーヒーを控えるように言われ、李君は今ではコーヒーをやめて、お茶を飲むようになりました。李君の家には、紅茶、ジャスミン茶、緑茶、ウーロン茶など、お茶がたくさんあります。すべて友人からもらったもので、彼自身はお茶を買ったことがありません。数あるお茶の中でも、李君が一番好きなのは花茶で、特にジャスミンの香りがお気に入りです。

問題 4 ⇒ P126
昨日の午後、授業が終わってから、少し体調が悪いなと感じ、夕食を食べて早々に床に就きました。ところが今日起きてみたら、体の調子は一段と悪くなっていて、頭痛がするし、喉も痛みます。午前中の授業を休み、学校の近くの病院に行って診てもらいました。先生は風邪だと言って処方箋を出してくれ、水をたくさん飲んでよく休むようにと指示しました。それから、治ったらトレーニングを心がけなさいとも言いました。でも私は、本当は大のスポーツ好きなのです。中学生のころは、ほとんど毎日バスケットボールをしていました。しかし高２になってからは大学入試のため、毎日学校以外に予備校にも通わなくてはならなくなり、だんだんトレーニングをしなくなってしまいました。大学に入ってからもやはり課題が多く、ずっとトレーニングらしいトレーニングをしていませんでした。どうも今後はなるべくスポーツをしなければいけないようです。

問題 5 ⇒ P128
李東：山田さん、留学で上海に来てもうすぐ1年ですね。
山田：はい。あと１か月で１年になります。時間がたつのは本当に早いですね。
李東：ご自宅は日本のどちらですか。
山田：東京です。飛行機でわずか３時間しかかかりません。
李東：本当に便利ですね。頻繁に帰られているんでしょう？
山田：いいえ。航空券が高いし、１度しか帰っていません。
李東：ご家族構成は？
山田：どうぞ、これが我が家の家族写真です。こちらは父と母。父は大学の先生です。
李東：お母さんは働いていますか。
山田：母は働いていません。
李東：こちらはお兄さんでしょう。あなたとよく似ていますね。
山田：その通りです。みんなそう言います。彼は銀行で働いています。隣は彼の妻です。彼らは結婚してもう２年たち、現在は両親と一緒に住んでいます。
李東：お宅は５人家族ですか。
山田：現在はそうですが、もうすぐ６人家族になります。
李東：どうしてですか。
山田：来月、兄の子が生まれるからです。

# 単語

形容詞②・副詞

## ◎形容詞

| | | |
|---|---|---|
| 小心 | xiǎoxīn | 注意深い |
| 斜 | xié | 斜めである |
| 新鮮 | xīnxiān | 新鮮である |
| 幸福 | xìngfú | 幸福な |
| 迅速 | xùnsù | 迅速である |
| 痒 | yǎng | かゆい |
| 严格 | yángé | 厳格である |
| 油腻 | yóunì | 脂っこい |
| 有趣 | yǒuqù | おもしろい |
| 圆 | yúan | 丸い |
| 脏 | zāng | 汚い |
| 糟糕 | zāogāo | まずい、ひどい |
| 整齐 | zhěngqí | 整っている、そろっている |
| 正确 | zhèngquè | 正確な |
| 直 | zhí | まっすぐである |
| 直接 | zhíjiē | 直接の |
| 重要 | zhòngyào | 重要な |
| 周到 | zhōudào | 周到である、行き届く |
| 著名 | zhùmíng | 著名である |
| 主要 | zhǔyào | 主要な |
| 准确 | zhǔnquè | 確かである、正確である |
| 仔细 | zǐxì | 注意深い、綿密である |

## ◎副詞

| | | |
|---|---|---|
| 必须 | bìxū | 必ず |
| 不必 | bùbì | ～の必要のない、～でなくともよい |
| 不断 | bùduàn | 絶えず、絶え間なく |
| 不久 | bùjiǔ | 間もなく、やがて |
| 曾经 | céngjīng | かつて、以前、一度 |
| 差点儿 | chàdiǎnr | もう少しで、危うく |
| 从此 | cóngcǐ | これから、このときから |
| 从来 | cónglái | 今まで、これまで |
| 从小 | cóngxiǎo | 小さいときから |
| 大概 | dàgài | たぶん、おそらく |
| 大约 | dàyuē | だいたい、およそ |
| 到底 | dàodǐ | とうとう、ついに |
| 凡是 | fánshì | およそ、すべて |
| 反正 | fǎnzhèng | どのみち、いずれにしろ |
| 分别 | fēnbié | それぞれ |
| 赶紧 | gǎnjǐn | 大急ぎで、早速 |
| 赶快 | gǎnkuài | 早く、急いで |
| 刚刚 | gānggāng | ～したばかり、やっと |
| 怪不得 | guàibude | どうりで、なるほど～だ |
| 果然 | guǒrán | やはり、はたして |
| 极其 | jíqí | きわめて |
| 简直 | jiǎnzhí | まるで、まったく |
| 渐渐 | jiànjiàn | しだいに、だんだんと |
| 尽量 | jǐnliàng | できるだけ |
| 究竟 | jiūjìng | 結局 |
| 恐怕 | kǒngpà | おそらく |
| 立刻 | lìkè | すぐに、直ちに |
| 难道 | nándào | まさか～ではあるまい |
| 难怪 | nánguài | どうりで、なるほど |
| 其实 | qíshí | 実は、実のところ |
| 千万 | qiānwàn | ぜひとも、くれぐれも、必ず |
| 亲眼 | qīnyǎn | 自分の目で |
| 却 | què | ～のに、～にもかかわらず |
| 仍然 | réngrán | 依然として |
| 甚至 | shènzhì | ～さえ、～すら |
| 实在 | shízài | 本当に、実に |
| 始终 | shǐzhōng | 始終、始めから終わりまでの間 |
| 首先 | shǒuxiān | 真っ先に、最初に |
| 似乎 | sìhū | ～のようだ |
| 随时 | suíshí | 常に、いつでも |
| 同 | tóng | 一緒に |
| 为什么 | wèishénme | どうして、なぜ |
| 先后 | xiānhòu | 前後して、相次いで |
| 也许 | yěxǔ | ～かもしれない、もしかしたら |
| 一会儿 | yíhuìr | しばらく |
| 原来 | yuánlái | もとは、以前には |
| 越来越 | yuèláiyuè | ますます～になる |
| 只是 | zhǐshì | ただ～だけだ、～にすぎない |
| 只有 | zhǐyǒu | ～するしかない、やむなく～する |
| 终于 | zhōngyú | ついに、とうとう |
| 总 | zǒng | いつも、結局 |

# 模擬試験

模擬試験……………136 ページ

解答と解説…………144 ページ

実際の試験形式に即して収録しています。試験時間内に合わせて解いて、実力をチェックしましょう。答えられなかった問題については、各分野に戻って復習しておきましょう。

CHUKEN
3RD GRADE

# 3級 模擬試験

試験時間 **100**分

▶ リスニング

## 1

**1.** 中国語を聞き、(1)～(5)に対する答えとして最も適当なものを、それぞれ①～④から1つ選びなさい。

(1)
☐ ①　　②　　③　　④
(2)
☐ ①　　②　　③　　④
(3)
☐ ①　　②　　③　　④
(4)
☐ ①　　②　　③　　④
(5)
☐ ①　　②　　③　　④

**2.** (6)～(10)のAとBの対話を聞き、Bの発話に続くAの言葉として最も適当なものを、それぞれ①～④から1つ選びなさい。

(6)
☐ ①　　②　　③　　④
(7)
☐ ①　　②　　③　　④
(8)
☐ ①　　②　　③　　④
(9)
☐ ①　　②　　③　　④
(10)
☐ ①　　②　　③　　④

# 2

※実際の試験では、問題用紙にメモ欄が記載されています。メモをとりながら聞きましょう。

中国語を聞き、(1)〜(10)に対する答えとして最も適当なものを、それぞれ①〜④から1つ選びなさい。

(1) ① ②
　　③ ④
(2) ① ②
　　③ ④
(3) ① ②
　　③ ④
(4) ① ②
　　③ ④
(5) ① ②
　　③ ④

(6) 田中来中国以后怎么了？
　　① ②
　　③ ④
(7) 大夫让他做什么？
　　① ②
　　③ ④
(8) 他为什么不跑步了？
　　① ②
　　③ ④
(9) 他一个星期游几次泳？
　　① ②
　　③ ④
(10) 他为什么高兴？
　　① ②
　　③ ④

▶ 筆記

# 1

**1.** (1)〜(5)の語句と声調の組み合わせが同じものを、それぞれ①〜④から1つ選びなさい。

(1) 电脑
① 会场　② 开演　③ 艺术　④ 划船

(2) 食堂
① 香蕉　② 完成　③ 条件　④ 同意

(3) 洗澡
① 水果　② 辛苦　③ 握手　④ 起床

(4) 收拾
① 工作　② 听说　③ 消息　④ 生词

(5) 以为
① 语法　② 跑步　③ 社会　④ 水平

**2.** (6)〜(10)の語句の正しいピンインを、それぞれ①〜④から1つ選びなさい。

(6) 迟到
① qítào　② chídào　③ chítào　④ jídào

(7) 热情
① lèqíng　② rèqin　③ rèqíng　④ lèqín

(8) 继续
① jìxù　② jìsù　③ jìxiù　④ jìshù

(9) 已经
① yíjīng　② yǐjīng　③ yíjīn　④ yǐjīn

(10) 增加
① cēngkā　② zāokā　③ zōngqiā　④ zēngjiā

# 2

(1)～(10)の各文の空欄を埋めるのに最も適当なものをそれぞれ①～④から1つ選びなさい。

(1) 他们两个人已经喝（　　　）六瓶啤酒了。
　①着　　　　②了　　　　③得　　　　④地

(2) 她（　　　）去那个商店买过东西。
　①曾经　　　②已经　　　③经常　　　④常常

(3) 他星期三晚上打工，（　　　）总是回家很晚。
　①因为　　　②如果　　　③所以　　　④但是

(4) （　　　）七点半了，该起床了。
　①才　　　　②都　　　　③只　　　　④就

(5) 他在院子里种了一（　　　）桃树。
　①棵　　　　②木　　　　③枝　　　　④架

(6) 不喝（　　　），再喝就醉了。
　①着　　　　②过　　　　③得　　　　④了

(7) 我（　　　）不想去，而是没有时间去。
　①就是　　　②也是　　　③才是　　　④不是

(8) 我想去（　　　）想去，可是没有时间，也没有钱。
　①也　　　　②不　　　　③就　　　　④是

(9) 我好像（　　　）感冒了。
　①有点儿　　②一点儿　　③一些　　　④一下

(10) 她（　　　）会说，（　　　）说得很好。
　①不但…而且　　　　　②因为…所以
　③虽然…但是　　　　　④不是…就是

# 3

**1.** (**1**)〜(**5**)の日本語の意味に合う中国語を、それぞれ①〜④から1つ選びなさい。

(**1**) 必ずパスポートを持って行きなさい。
- ①你一定得去拿护照。
- ②你一定得把护照带来。
- ③你一定得带着护照去。
- ④你一定得去带护照。

(**2**) 昨日駅で李さんに偶然会いました。
- ①昨天我遇见了小李在车站。
- ②昨天我遇见了在车站小李。
- ③昨天我车站在遇见了小李。
- ④昨天我在车站遇见了小李。

(**3**) 王さんはたった一日で覚えました。
- ①小王只用一天就学会了。
- ②小王就用一天只学会了。
- ③小王用只一天就学会了。
- ④小王一天只用就学会了。

(**4**) あなたは歩くのが遅すぎる。
- ①你走了太慢了。
- ②你太走慢了。
- ③你走得太慢了。
- ④你得慢走了。

(**5**) 妹はどうしても私に彼女の自転車を使わせてくれません。
- ①妹妹怎么也不让我用她的自行车。
- ②妹妹怎么也让我不用她的自行车。
- ③妹妹让我怎么也不用她的自行车。
- ④妹妹让我也不怎么用她的自行车。

**2.** 次の(**6**)～(**10**)の各文を与えられた日本語の意味になるように、それぞれの①～④を並べ替えたとき、[　]に入る語は何になりますか。

(**6**) 英語の成績は前回よりずっとよくなりました。
英语成绩 ＿＿＿ ＿＿＿ [＿＿＿] ＿＿＿ 。

①上次　　②比　　③多了　　④好

(**7**) 彼女の自転車は私のとまったく同じだ。
她的自行车 ＿＿＿ [＿＿＿] ＿＿＿ ＿＿＿ 。

①一样　　②完全　　③跟　　④我的

(**8**) 後で僕とテニスをしに行こう。
一会儿 ＿＿＿ [＿＿＿] ＿＿＿ ＿＿＿ 吧。

①我　　②打网球　　③跟　　④去

(**9**) 彼は自分自身の名前さえうまく書けない。
他 ＿＿＿ [＿＿＿] ＿＿＿ ＿＿＿ 。

①自己的名字　②连　　③都　　④不会写

(**10**) ここは春になると強い風が吹く。
这儿 ＿＿＿ ＿＿＿ [＿＿＿] ＿＿＿ 。

①到春天　　②一　　③刮大风　　④就

# 4

次の文章を読んで、問(**1**)〜(**6**)の答えとして正しいものを、それぞれの①〜④から1つ選びなさい。

　　今天早上，我拉开窗帘，啊！外边是（　(1)　）银白的世界，下雪了！我从小就喜欢下雪。那时候我常常和邻居的小朋友们一起堆雪人，打雪仗，别提有多高兴了！现在大了，（　(2)　）不能像孩子那样堆雪人打雪仗了，（　(2)　）我仍然很喜欢下雪，我喜欢下雪天带来的那种浪漫气息。当然，(3)<u>下雪也会带来一些不便</u>。比如，我平常上班总是骑自行车到车站，然后再乘公共汽车去公司。（　(4)　）雪下得太大的话，骑自行车（　(4)　）有点儿危险，这时候我就得早一点儿起床，早一点儿出门儿，走（　(5)　）去车站。不过，这点儿不便对我来说也算不了什么，因为我很喜欢在雪中散步。

（**1**）空欄 (1) を埋めるのに適当なものは、次のどれか。
　　①一边　　　　　　②一面
　　③一片　　　　　　④一场

（**2**）空欄 (2) を埋めるのに適当なものは、次のどれか。
　　①因为…所以　　　②不但…而且
　　③虽然…但是　　　④不是…而是

（**3**）「私」が下線部 (3) のように言ったのは、なぜか。
　　①下雪对我来说算不了什么。
　　②不能堆雪人打雪仗了。
　　③不能乘公共汽车去公司了。
　　④上班的时候不能骑车。

（4）空欄（4）を埋めるのに適当なものは、次のどれか。
　①一边…一边　　　　②要是…就
　③因为…所以　　　　④虽然…但是

（5）空欄（5）を埋めるのに適当なものは、次のどれか。
　①着　　　　　　　　②了
　③地　　　　　　　　④过

（6）本文の内容に合うものは、次のどれか。
　①我不太喜欢下雪。
　②我现在有时候也堆雪人、打雪仗。
　③我不怎么在乎下雪带来的不便。
　④不管什么天气，我都是骑车去车站。

# 5

（1）～（5）の日本語を中国語に訳し、簡字体で書きなさい。

（1）壁に世界地図が1枚掛かっている。

（2）雪が降り出した。

（3）腕時計を1つ彼女にプレゼントした。

（4）彼はサッカーがとても上手です。

（5）私の辞書は彼のと同じです。

# 3級 模擬試験 解答と解説

＊選択肢の番号が色文字になっているものが正解です。

▶ リスニング

## 1

### 1．一問一答

（1）你一般几点睡觉？（あなたはいつも何時に寝ますか。）
　①一个班有十五个人。（1クラス15人です。）
　②我不喜欢吃水饺。（私は水餃子が好きではありません。）
　③我一般睡七个小时。（私はいつも7時間寝ます。）
　④一般十二点左右才睡。（いつも12時ごろになってから寝ます。）
　解説　「睡觉」と「水饺」、「一般」と「一个班」の聞き分けに注意。「几点」は時間の長さではなく、時刻を尋ねているところがポイント。

（2）这个单词是什么意思？（この単語は何という意味ですか。）
　①我也不知道。（私も知りません。）
　②这个电影很有意思。（この映画はおもしろいです。）
　③这是新买的椅子。（これは新しく買った椅子です。）
　④这本小说没有意思。（この小説はおもしろくありません。）
　解説　「什么意思」と「有意思」「没有意思」の聞き分けに注意。

（3）你有兄弟姐妹吗？（あなたにはきょうだいがいますか。）
　①我有一个哥哥和一个姐姐。（兄と姉が1人ずついます。）
　②爸爸，妈妈，哥哥和妹妹。（父と、母と、兄と妹です。）
　③星期三有四节课。（水曜日は授業が4コマあります。）
　④我家有四口人。（うちは4人家族です。）
　解説　兄弟姉妹についての質問なので、①が正解。人数を尋ねているわけではないので「有」、あるいは「没有」とだけ答えてもよい。

（4）你家离车站远么？（あなたの家は駅から遠いですか。）
　①我要坐电车回家。（私は電車で帰宅します。）
　②学校离我家比较远。（学校から家までは比較的遠いです。）
　③车站附近有一家商店。（駅の近くに1軒の店があります。）
　④很近，走五分钟就到。（近いです。歩いて5分です。）

**解説** 選択肢②の「比较远」は質問の「远吗？」とぴったり合うように聞こえるが、実際に主題の部分は違う。これも出題の常套手段なので、要注意。

(5) 您喝点儿什么？（お飲み物は何になさいますか。）
①我喝的是果汁。（私が飲んでいるのはジュースです。）
②来一瓶啤酒吧。（ビールを1瓶ください。）
③对，我只喝了一点儿。（その通り、私は少ししか飲みませんでした。）
④我什么也没喝。（私は何も飲みませんでした。）

**解説** 質問文はレストランなどで注文を聞かれる時の表現。客が注文する場合は「〜をください」の意味で「来〜」を使う。これから飲むもの（飲みたいもの）を尋ねているので、②が正解。①はすでに飲んでいるものを答えている。③はあまり飲まなかったという結果を答えている。④も飲まなかったという過去のことを答えているので、いずれも不正解。

## 2．ABA対話

(6) A：我可以用一下你的字典吗？
　　（あなたの辞書、ちょっと使ってもいいですか。）
B：你用吧。在那边桌子上。（どうぞ、あちらの机の上にあります。）
A：①谢谢。（ありがとう。）
　　②不客气。（どういたしまして。）
　　③对不起。（ごめんなさい。）
　　④没关系。（かまいません。）

**解説** 他人から物を借りたので、感謝を表すことばが適当。

(7) A：九点早过了，丁力不来了吧？
　　（9時をとっくに過ぎたから、丁力はもう来ないでしょ。）
B：他刚来过电话，说要晚一会儿到。
　　（さっき彼から電話があって、すこし遅れますって。）
A：①那我们再等等吧。（それならもうしばらく待ちましょう。）
　　②给他打电话吧。（彼に電話をしましょうよ。）
　　③他昨天给我来过电话。（昨日彼から電話がありました。）
　　④你不能再迟到了。（君はもう2度と遅刻してはいけませんよ。）

**解説** ②③は「電話」によるひっかけ。④は話す相手が違うので、不正解。

(8) A：您要买什么？（何をお買いになりたいのですか。）
B：最新的北京地图，你们这儿有没有？
　　（最新の北京地図、ここにありますか？）

A：①我们这儿卖得最便宜。（うちの店が一番安く売っています。）
　　②北京太大，没有地图不方便。
　　　（北京は広すぎて地図がなければ不便です。）
　　③您还是买两张吧。（お客さん、やはり2枚買ったほうがいいですよ。）
　　④只有前年的。（一昨年のしかありません。）

**解説**　「最新の北京地図があるかどうか」の質問に対して、適当な応答を選ぶ。

(9) A：你英语说得怎么样？
　　　（英会話はどれくらいできますか。）
　　B：说得不好。你呢？（あまり上手にしゃべれません。あなたは？）
　　A：①马马虎虎吧。（私はまあまあです。）
　　　②我也觉得音乐不好。（私も音楽がよくないと思います。）
　　　③音乐还可以吧。（音楽はまあまあじゃないですか。）
　　　④我学两年多了。（2年間勉強しました。）

**解説**　「あなたの英会話力は？」と聞き返されたので、①を選ぶ。②③は類似音によるひっかけ。

(10) A：你是第一次吃日本菜吧，喜欢不喜欢？
　　　（日本料理を食べるのは初めてでしょう。いかがですか。）
　　B：喜欢是喜欢，只是生的东西有点儿吃不惯。
　　　（好きは好きですけど、ただ、生ものはちょっと食べ慣れません。）
　　A：①你不喜欢日本菜呀。（日本料理が好きではないのですか。）
　　　②日本人喜欢吃中国菜。（日本人は中国料理が好きです。）
　　　③多吃几次就习惯了。（何回か食べると、慣れますよ。）
　　　④多看几遍就喜欢了。（何回か見ると好きになりますよ。）

**解説**　①は意味の取り違いで、②④は話題と無関係で、いずれも不正解。類似音「喜欢（好き）」と「习惯（慣れる）」に気をつけよう。

# 2

## 内容理解

(1)～(5)

大谷：小林，这几天没见到你。你到哪儿去了？
小林：我去中国旅行了十天。和妻子儿子一起去的。
大谷：你女儿怎么没去？
小林：她今年高中毕业，要准备考大学。
大谷：真羡慕你。我也一直想去旅游，可总是没空。

小林：将来总会有机会吧。
大谷：是啊。你们去了哪些地方？
小林：就是北京、上海和苏州。
大谷：吃北京烤鸭了吗？
小林：那当然。中国人都说到北京一定要做两件事……
大谷：我知道，是吃北京烤鸭，登万里长城吧。
小林：对对对。我们还参观了故宫，观赏了京剧。
大谷：北京飞上海要几个小时？
小林：我们是坐高铁去的。六个小时就到了很方便。
大谷：上海和苏州好玩吗？
小林：名胜古迹没有北京多，但适合购物。苏州的园林很漂亮。

大谷：小林さん、最近お見かけしませんでしたが、どちらへ行かれましたか。
小林：中国旅行に10日間行きました。妻と息子と一緒です。
大谷：お嬢さんはどうして行かなかったのですか。
小林：彼女は今年、高校を卒業する予定で、今大学受験の準備中です。
大谷：本当にうらやましいですね。私もずっと旅行に行きたいのですが、なかなか時間が取れません。
小林：将来、きっとチャンスがあるでしょう。
大谷：そうですよね。あなた方はどちらへ行かれましたか。
小林：北京、上海と蘇州だけです。
大谷：北京ダックは食べましたか。
小林：もちろん食べました。北京に行ったら必ず２つのことをやると中国人は言っていますから……。
大谷：知っていますよ。北京ダックを食べることと、万里の長城を登ることですよね。
小林：そうそう。私たちはさらに故宮も見学し、京劇を鑑賞しました。
大谷：北京から上海まで飛行機でどれくらいかかりますか。
小林：私たちは高速鉄道で行きました。6時間で着きます。とても便利です。
大谷：上海と蘇州はおもしろいですか。
小林：上海の名所旧跡は北京ほど多くありませんが、買い物には向いています。蘇州の園林は本当にすばらしかったです。

（1）小林和谁一起去中国旅行了？
　　（小林さんは誰と一緒に中国旅行に行ったのですか。）
　　①和他的妻子。（彼の妻）
　　②和他的妻子、女儿。（彼の妻と娘）
　　③和他的妻子、儿子。（彼の妻と息子）
　　④和他的儿子、女儿。（彼の息子と娘）
　　**解説**「和妻子儿子一起去的。」から③を選ぶ。

（**2**）女的为什么一直没去旅游?
（女性はなぜずっと旅行できなかったのですか。）
①因为饭店没空房间。（ホテルに空いている部屋がないから。）
②因为没有钱。（お金がないから）
③因为她女儿要考大学。（娘が大学受験だから）
④因为她一直很忙。（彼女はずっと忙しかったから）

**解 説**　「可总是没空。」から④を選ぶ。「没空」は「暇がない」の意味。①は類似音のひっかけ問題。

（**3**）小林一家去了哪些地方?
（小林一家はどことどこへ行きましたか。）
①北京、上海和西安。（北京、上海と西安）
②北京、上海和苏州。（北京、上海と蘇州）
③北京、上海和杭州。（北京、上海と杭州）
④北京、上海和广州。（北京、上海と広州）

**解 説**　「就是北京、上海和苏州。」から②を選ぶ。ここの「就是」は「就只是」と同じで、「…だけだ」の意味。

（**4**）中国人都说到北京一定要做哪两件事?
（中国人が北京に行ったら必ずするという２つのことは何ですか）
①吃北京烤鸭和观赏京剧。
　（北京ダックを食べることと京劇を鑑賞すること）
②吃北京烤鸭和登万里长城。
　（北京ダックを食べることと万里の長城登り）
③参观故宫和吃北京烤鸭。（故宫見学と北京ダックを食べること）
④参观故宫和登万里长城。（故宫見学と万里の長城登り）

**解 説**　「是吃北京烤鸭，登万里长城吧。」から②を選ぶ。聞き取れない場合は常識的な答えを選ぼう。

（**5**）小林一家为什么坐高铁去上海?
（小林一家はどうして列車で上海へ行ったのですか。）
①因为买不到飞机票。（航空券は買えなかったから）
②因为坐高铁好玩。（列車のほうがおもしろいから）
③因为坐高铁便宜。（列車のほうが安いから）
④因为坐高铁方便。（列車のほうが便利だから）

**解 説**　「很方便。」から④を選ぶ。①②③も理由になっているが、会話には出てこないので、外したほうが無難。

（**6**）～（**10**）

田中来中国以后胖了，大概是好吃的东西吃得太多了吧。医生

说他应该锻炼身体，同学们也都这么说。开始，他想跟朋友小王一起早上跑步，可是跑了两天他就不跑了，因为他早上起床太困难了。现在他星期三和星期五下午去学校的游泳池游泳。他觉得游泳对身体很有好处。昨天他称了一下体重，比十天前减少了两公斤，他很高兴，决心坚持下去。

田中君は中国に来てから太りました。おそらくおいしいものを食べすぎたのでしょう。お医者さんは彼にトレーニングをするように言い、クラスメートたちもみんなそう言いました。最初、彼は友人の王君と一緒に朝、ジョギングをしようとしましたが、たった2日でやめてしまいました。なぜなら、朝起きるのがつらかったからです。今は水曜日と金曜日の午後に学校のプールへ泳ぎに行っていて、水泳はとても体にいいと感じています。昨日、体重を量ってみたら、10日前より2キロ減っていたので、彼は大喜び。そのまま続けていこうと心に決めたのでした。

(6) 田中来中国以后怎么了？（田中君は中国へ来てからどうなりましたか。）
　　①胖了（太った）　　　　　　②病了（病気になった）
　　③瘦了（痩せた）　　　　　　④睡觉不好（よく眠れない）
　　**解　説**　「怎么」は「どのように」の意味。ここでは「怎么样」に置き換えることができる。

(7) 大夫让他做什么？（医者は彼に何をするように言いましたか。）
　　①早起早睡（早寝早起き）　　②多吃饭（たくさん食べる）
　　③锻炼身体（トレーニング）　④好好儿休息（よく休む）
　　**解　説**　質問文の「让」は使役の表現、「叫」に言い換えることもできる。日本語では「させる」「～するように言う」と訳すことが多い。

(8) 他为什么不跑步了？（彼はどうしてジョギングをやめてしまったのですか。）
　　①因为他睡觉太晚（寝るのが遅いから）
　　②因为小王不跑了（王君がやめたから）
　　③因为早上起不来（朝起きられないから）
　　④以为他太累了（疲れたから）
　　**解　説**　「因为」は、原因や理由を述べる時に使う。

(9) 他一个星期游几次泳？（彼は週に何回泳ぎますか。）
　　①一次（1回）　　　　　　　②两次（2回）
　　③三次（3回）　　　　　　　④五次（5回）

解説 「星期三和星期五（水曜日と金曜日）」なので2回。もし「(从)星期三到星期五（水曜日から金曜日）」であれば、3回になる。

(10) 他为什么高兴？（彼はなぜ喜んだのですか。）
① 早晨能早起了（早起きできるようになったから）
② 考试考得很好（テストの出来がよかったから）
③ 游泳游得好了（水泳がうまくなったから）
④ 体重减轻了（体重が減ったから）
本文に「10日前より2キロ体重が減った」とある。「公斤」はキログラムのこと。ちなみに「斤」は500グラムの単位。まぎらわしいので注意が必要。

▶ 筆記

## 1

### 1．語句と声調の組み合わせ

（1）电脑（diànnǎo）意味 コンピューター　　声調 第四声＋第三声
① 会场（huìchǎng）意味 会場　　② 开演（kāiyǎn）意味 開演する
③ 艺术（yìshù）意味 芸術　　④ 划船（huáchuán）意味 船をこぐ

（2）食堂（shítáng）意味 食堂　　声調 第二声＋第二声
① 香蕉（xiāngjiāo）意味 バナナ　② 完成（wánchéng）意味 完成する
③ 条件（tiáojiàn）意味 条件　　④ 同意（tóngyì）意味 同意する

（3）洗澡（xǐzǎo）意味 入浴する　　声調 第三声＋第三声
① 水果（shuǐguǒ）意味 果物　　② 辛苦（xīnkǔ）意味 つらい
③ 握手（wòshǒu）意味 握手する　④ 起床（qǐchuáng）意味 起きる

（4）收拾（shōushi）意味 片づける　　声調 第一声＋軽声
① 工作（gōngzuò）意味 仕事
② 听说（tīngshuō）意味 聞くところによると
③ 消息（xiāoxi）意味 情報
④ 生词（shēngcí）意味 新出単語

（5）以为（yǐwéi）[意味] ～と思ったが　　　[声調] 第三声＋第二声
①语法（yǔfǎ）[意味] 文法　　②跑步（pǎobù）[意味] ジョギング
③社会（shèhuì）[意味] 社会　　④水平（shuǐpíng）[意味] レベル

## 2．ピンイン表記

（6）② 迟到（chídào）　　[意味] 遅刻する

（7）③ 热情（rèqíng）　　[意味] 親切

（8）① 继续（jìxù）　　[意味] 継続する

（9）② 已经（yǐjīng）　　[意味] すでに

（10）④ 增加（zēngjiā）　　[意味] 増加する

# 2

## 空欄補充

（1）② [完成文] 他们两个人已经喝（了）六瓶啤酒了。
　　　[質問訳] あの2人はもう瓶ビールを6本飲んだところです。
　　　[解説] 「動詞＋了＋数量＋了」は「現時点ですでに示された数量に達したということと、その動詞が表した動作が継続するにつれて、数量はさらに増えるだろうという予想」を意味する。

（2）① [完成文] 她（曾经）去那个商店买过东西。
　　　[質問訳] 彼女はかつてその店で買い物をしたことがあります。
　　　[解説] 「曾经」は「かつて」、「已经」は「すでに」、「经常」と「常常」は「よく」。経験を表す助詞「～过（～したことがある）」に合うのは「曾经」だけ。

（3）③ [完成文] 他星期三晚上打工，（所以）总是回家很晚。
　　　[質問訳] 彼は水曜日はいつもアルバイトをするので帰宅が遅い。
　　　[解説] 因果関係を表す接続詞は「因为」と「所以」。「因为」は原因を表す文の文頭に置く（主語の後に置く場合もある）のに対し、「所以」は結果を表す文の文頭に置く。「因为～，所以～」のようにセットとして一緒に使うこともあれば、どちらか一方を単独で使うこともある。後半の結果を表す文の文頭に「因为」を置いてしまう誤用が多いので要注意。

151

（4）② 完成文 (都) 七点半了，该起床了。
　　質問訳 もう７時半だ、起きなくては。
　　解説 「都」は、時間語などの前に置いて「もう、すでに」の意味で、「もうそうなったのか」といった驚きの気持ちを表す。

（5）① 完成文 他在院子里种了一(棵)桃树。
　　質問訳 彼は庭に桃の木を１本植えた。
　　解説 「棵」は草木など、「本」は本や雑誌を、それぞれ数える。「枝」は「铅笔」など細い棒状のものを、また「架」は「飞机」や「照相机」など組み立てられた機械のようなものを数える。

（6）④ 完成文 不喝(了)，再喝就醉了。
　　質問訳 もう飲まない、これ以上飲むと酔ってしまう。
　　解説 「不～了」は「～することをやめる、～しないことにする」という意味。この「了」は変化を表す。「再」は「さらに、これ以上」。

（7）④ 完成文 我(不是)不想去，而是没有时间去。
　　質問訳 私は行きたくないのではなく、時間がないのだ。
　　解説 「不是」と「而是」はセットで、「Aではなく、Bである」の意。

（8）④ 完成文 我想去(是)想去，可是没有时间，也没有钱。
　　質問訳 私は行きたいけれども、時間もお金もありません。
　　解説 「A是A」のように、「是」の前後に同じ語を使い、「可是」「但是」「不过」「只是」など逆接を表す語を続けるというパターンで、「確かに～だけれども、～だ」の意を表す。「～したいにはしたいが～」などという場合に使う。

（9）① 完成文 我好像(有点儿)感冒了。
　　質問訳 私はちょっと風邪ぎみです。
　　解説 「有点儿」は形容詞か動詞の前に置いて、「ちょっと」の意味で不本意であることを表すのに対し、「一点儿(少し)」と「一些(若干,少し)」は形容詞か動詞の後にしか置けず、比較した差を言う時に使う。「一下」は動詞の後に置いて、動作の軽さと短さを表す。

（10）① 完成文 她(不但)会说，(而且)说得很好。
　　質問訳 彼女はただ話せるというだけでなく、とてもうまく話せるのだ。
　　解説 「不但…而且」は「Aばかりではなく、そのうえBでもある」、「因为…所以」は「Aだから、Bとなる」、「虽然…但是」は「Aではあるが、しかしBである」、「不是…就是」は「Aでなければ、Bである」の意。

# 3

## 1．日文中訳

**（1）③** 中国語 你一定得带着护照去。

> **解説** 「行く」と言っているので②の「来」は不正解。「動詞＋着＋去」は行く手段や方法を表し、「去＋動詞」は行く目的を表す。よって、③は正解。

**（2）④** 中国語 昨天我在车站遇见了小李。

> **解説** 「どこで何をする」を表す中国語の文型は「在＋場所＋動詞＋目的語」だから、正解になるのは④のみ。

**（3）①** 中国語 小王只用一天就学会了。

> **解説** 「1日で」は「用一天」となる。「たった」を表す「只」は副詞で、動詞「用」の前に置く。「就」は早いことを強調する働きの副詞で、時間を表す語と行為動詞の間に使う。よって①は正解。

**（4）③** 中国語 你走得太慢了。

> **解説** 動作・行為の行われ方はどうであるか、どんな程度になっているかを表す場合、様態補語を使う。語順は「主語＋動詞＋得＋形容詞など」。3級レベルで重要な文型。

**（5）①** 中国語 妹妹怎么也不让我用她的自行车。

> **解説** 使役文の文型を覚えていれば、日本語の「させない」が「不让…」になるとわかるはず。これに合うのは①しかない。「怎么也（どうしても）」は「不让」を修飾する状語。

## 2．語順整序

**（6）④** 中国語 英语成绩比上次[好]多了。

> **解説** 比較文の語順は「A比B＋形容詞（AはBより～だ）」。比較した差は形容詞の後に置く。

**（7）④** 中国語 她的自行车跟[我的]完全一样。

> **解説** 「AはBと同じ」は「A跟B一样」、「AはBと違う」は「A跟B不一样」になる。「完全」は副詞で、「一样」を修飾して、その前に置く。ほかに「差不多一样（ほとんど同じ）」「不太一样＝有点儿不一样（ちょっと違う）」などがある。

(8) ① 中国語 一会儿跟[我]去打网球吧。

解説 「跟我」は介詞フレーズで、動作の方式を表す状語として動詞句のすぐ前に置く。動詞の後に置いてしまう誤用が多いので要注意。

(9) ① 中国語 他连[自己的名字]都不会写。

解説 極端な事物を取り上げて、ある事柄を強調する文。強調されるものは「连」と「也/都」の間に挟まれる。語順は「主語＋连＋強調されるもの＋也/都＋述語句」。

(10) ④ 中国語 这儿一到春天[就]刮大风。

解説 「Aをしたら（すぐ）Bをする／Aになったら、（すぐ）Bになる」は「一A就B」の文で表す。副詞「一」と「就」はそれぞれ、前後2つの述語の前に置く。

# 4

## 長文読解

今朝カーテンを開けると、なんと外は一面の銀世界になっていました。雪です！　私は小さい頃から雪が大好きで、当時はよく近所の子供たちと一緒に雪だるまを作ったり、雪合戦をしたりしたものです。その楽しかったこと！　今では大人になって、子供のように雪だるまを作ることも、雪合戦をすることもなくなりましたが、相変わらず雪は大好きです。雪の日がもたらしてくれるあのロマンチックな雰囲気が好きです。もちろん、雪が降ると不便なことだってあります。例えば、私はいつも出勤する時に自転車に乗ってバス停まで行き、それからバスに乗って会社に行くのですが、もし雪がひどかったら、自転車に乗るのは少々危ないので、早めに起きて、早めに家を出て、歩いてバス停へ行かなければなりません。けれどもその程度の不便さは、私にとってたいしたことではありません。なぜって私は、雪の中を散歩するのが大好きだからです。

(1) ③「あたり一面」は「一片」という。また、スライスに切ったものを数えるときにも「一片」を使う（一片面包）。「一边」は「片側」。「一面」は鏡など平たいものを数えて1つを言う（一面鏡子）場合や、紙のようなものについて片面を言う（只能写一面）ときに使う。「一场」は風雨、試合、病気、災害などの1回を言う場合に使う。

(2) ③「虽然…但是」は「Aではあるが、しかしBである」、「因为…所以」は「Aだから、Bになる」、「不但…而且」は「Aばかりではなく、そのうえBでもある」、「不是…而是」は「Aではなく、Bである」の意。

(3) ④ 正解は④で「出勤の時自転車に乗れない」の意味。①は「雪が降るのは私にとってたいしたことではない」、②は「雪だるま作りと雪合戦ができなくなった」、③は「バスで会社に行くことができなくなった」で、いずれも違う。

（4）② 「要是…就」は「もしもAなら、Bになる」の意味。「要是…的话，…就」の形で用いることも多い。「一边…一边」は「Aをしながら、Bをする」、「因为…所以」は「Aだから、Bになる」、「虽然…但是」は「Aではあるが、しかしBである」を表す。

（5）① 前の動詞句が表す動作が後ろの動詞句が表す動作の方式になる場合、その2つの動詞句の間を「着」でつなぐ。例 「笑着说（笑いながら話す）」「听着音乐写作业（音楽を聞きながら宿題をする）」などが同様の例。

（6）③ 正解は③で「私は雪がもたらした不便をあまり気にしない」になる。①は「私は雪が降るのがあまり好きではない」、②は「私は今も時々雪だるまを作ったり雪合戦をしたりしている」、④は「どんな天気であろうと、私はいつも自転車でバス停に行く」で、内容と一致しない。

# 5

## 日文中訳

（1）中国語 墙上挂着一幅世界地图。

**解　説** 不特定な人・物の、存在・出現・消失は「場所／時間＋動詞＋存在／出現／消失する人・物」という順の存現文を使う。「墙」の後ろに方位詞「上」が必要。「掛かる」は「挂」で、存在を表す場合、動詞の後に動作の結果の残存を表す動態助詞「着」がつくことが多い。また、不特定な人・物について叙述する時、通常数量詞がつく。地図を数える量詞は「幅」か「张」を用いる。

（2）中国語 下起雪来了。

**解　説** 「降り出す」を表す場合、動詞「下」の後ろに動作や状況の開始を表す方向補語「起来」をつける。「雪」は「下」の目的語として「起来」の間に挟む。「雪下起来了」のように「雪」が話題として、前にくる場合もある。意味上、この「雪」は予想していたことを表す。

（3）中国語 送（给）她一块手表。

**解　説** 二重目的語の文で、「動詞＋間接目的語＋直接目的語」の語順になる。物の授受を言う場合、与え先を導く介詞「给」を「送」の結果補語として用いることが多い。

（4）中国語 他（踢）足球踢得很好。

**解　説** 動作・行為の行われ方がどうであるか、どんな程度になっているかを言う時、様態補語を使う。目的語もつく場合、語順は「主語＋動詞＋目的語＋動詞＋下＋形容詞など」になる。目的語の前の動詞はなくてもよい。

（5）中国語 我的辞典跟他的一样。

**解　説** 「AはBと同じだ」と言う場合、「A跟B一样」で表す。「違う」は「不一样」になる。

# 3級レベル　文法事項のまとめ

## ●品詞

ここでは3級で重要な助詞、介詞、副詞、量詞の基本的意味と用法をまとめて押さえておきます。

### ＊助詞

助詞は、単語・連語・文の後について補助的な働きをします。助詞の用法には、下記の3つがあります。

①動態助詞（了・着・過）
　動詞の後に置いて、動作・行為・状態のアスペクトを表します。「了(le)」は完了や実現を、「着(zhe)」は動作や状態の持続を、「过(guo)」は動作が行われたことがあるという「経験」を表します。

②構造助詞（的・地・得）
　2つ以上の単語または連語の間の文法関係を表します。「的(de)」はさまざまな語の後に置いて定語（連体修飾語）を構成し、「地(de)」は形容詞や熟語などの後に置いて状語（連用修飾語）を構成します。「得(de)」は動詞・形容詞の後ろに置いて程度補語や状態補語を導き、また、「動詞＋得＋結果補語／方向補語」の形で可能を表します。

③語気助詞（吗・呢・吧・的・了）
　文末に置かれて、疑問・命令・感嘆・肯定などの語気を表します。
「吗(ma)」は「Yes or No」の疑問を、「呢(ne)」はそれ以外の疑問、また確認や誇張を、「吧(ba)」は推測や提案を、「的(de)」は判断を、「了(le)」は変化などを表す場合に用います。

### ＊介詞（前置詞）

名詞、代詞の前に置かれて介詞フレーズを構成し、状語として場所、方向、時間、対象、方法・手段、原因・目的を表します。

| 在　　（zài） | ～で | 場所 |
|---|---|---|
| 从　　（cóng） | ～から | 場所・時間 |
| 到　　（dào） | ～に、～まで | 場所・時間 |
| 离　　（lí） | ～から（まで） | 場所・時間 |
| 往　　（wǎng） | ～へ、～に | 方向 |
| 向　　（xiàng） | ～へ、～に | 方向・対象 |
| 朝　　（cháo） | ～へ、～に | 方向・対象 |
| 和　　（hé） | ～に、～と | 対象・比較 |
| 跟　　（gēn） | ～に、～と | 対象・比較 |
| 对　　（duì） | ～に、～に対して、～にとって | 対象 |
| 比　　（bǐ） | ～より | 比較 |
| 为　　（wèi） | ～のために | 対象・原因・目的 |
| 按　　（àn） | ～によって、～の通りに | 方法・手段 |
| 照　　（zhào） | ～の通りに | 方法・手段 |
| 由于（yóuyú） | ～による | 原因・理由 |
| 除　　（chú） | ～を除けば、～のほかに | 排除 |
| 除了（chúle） | ～を除けば、～のほかに | 排除 |

## ＊副詞

動詞や形容詞の前に置いて、その動詞や形容詞を修飾する働きをします。常用副詞は意味上おおまかに、時間、程度、範囲、頻度、否定、語気などを表すものに分けられます。3級で特に注意が必要なものには、時間を表す「就（jiù）」「才（cái）」「都（dōu）」、程度を表す「有点儿（yǒudiǎnr）」「还（hái）」、範囲を表す「都（dōu）」、動作の重複を表す「又（yòu）」「还（hái）」「再（zài）」、否定を表す「不（bù）」「没（méi）」などがあります。

## ＊量詞

人や事物の数量を表す「名量詞」と、動作の回数を表す「動量詞」があります。

**主な名量詞**

| | | | |
|---|---|---|---|
| 个（ge） | 人、物、抽象的なものなど（一番広く使われる） | 打（dá） | ダース |
| 张（zhāng） | 平らなもの | 群（qún） | 群れをなす人や動物など |
| 枝（zhī） | 細い棒状のもの | 套（tào） | セットになっているもの |
| 条（tiáo） | 細長いもの | 瓶（píng） | 瓶に入ったもの |
| 件（jiàn） | 衣服や事柄など | 杯（bēi） | コップなどに入ったもの |
| 本（běn） | 本など冊子状のもの | 盘（pán） | 皿に入ったもの、テープ、CDなど |
| 块（kuài） | かたまり状のもの | 架（jià） | 機械など |
| 座（zuò） | 大きくてどっしりしたもの | 辆（liàng） | 車、自転車など |
| 把（bǎ） | 柄や握るところがあるもの | 匹（pǐ） | 馬など |
| 双（shuāng） | 対になっているもの | 头（tóu） | 牛など |
| 只（zhī） | 対になっているものの片方、動物 | 棵（kē） | 植物など |
| 片（piàn） | 薄く平らなもの | 幅（fú） | 絵や地図など |

**主な動量詞**

| | | | |
|---|---|---|---|
| 次（cì） | 一般的な動作の回数（「回」より常用） | 遍（biàn） | 始めから終わりまで通しての回数 |
| 回（huí） | 一般的な動作の回数 | 趟（tàng） | 行き来する回数 |
| 下（xià） | 手で押したり、打ったりする回数 | 顿（dùn） | 食事などの回数 |

# ●文の成分

中国語の文の成分となるものには、主語・述語・目的語・定語・状語・補語があります。ここでは、特に注意が必要な項目をまとめます。

## ＊目的語

目的語は述語動詞が及ぶ対象で、動詞の後に置かれます。3級によく出題されるのが二重目的語と主述フレーズなどからなる目的語です。動詞述語文で目的語を2つ取る場合には、「主語＋動詞＋間接目的語＋直接目的語」の順となり、間接目的語となるものが前に来ます。(例) 他给了我一件礼物。（彼は私にプレゼントをくれました。）

なお、二重目的語を取る動詞は例の「给」以外に下記のような限られたものです。

| | | | | |
|---|---|---|---|---|
| 还 | （huán） | 返す | 交 （jiāo） | 渡す |
| 借 | （jiè） | 貸す、借りる | 教 （jiāo） | 教える |
| 告诉 | （gàosu） | 告げる、教える | 通知（tōngzhī） | 知らせる |
| 叫 | （jiào） | ～と呼ぶ | 问 （wèn） | 尋ねる |

主述フレーズからなる目的語は次のようなものです。
(例) 我不知道他明天来不来。(私は彼が明日来るのか来ないのかがわかりません。)

## ＊定語

　名詞の修飾成分(連体修飾語)で、名詞を前から修飾します。名詞、代詞、形容詞、動詞、介詞フレーズなどが定語となります。指示代詞の「这(zhè)」「那(nà)」や数量詞が定語となる場合以外は、助詞「的(de)」を伴って「在北京买的茶(北京で買ったお茶)」のように修飾することが多くなります。3級によく出題される定語は、この例のような動詞フレーズからなるものです。

## ＊状語

　述語の修飾成分(連用修飾語)のことで、文中では「他非常热情(彼はとても親切です)」のように、述語の前に置きます。副詞、形容詞、名詞、介詞フレーズなどが状語となります。また、形容詞や熟語などが助詞「地(de)」を伴って、「愉快地走了(楽しそうに出かけた)」のように状語となる場合が多くあります。

## ＊補語

　動詞や形容詞の後に用いられて、その動作や行為、性質、状態を後ろから補足説明します。主な補語には次のようなものがあります。

①**様態補語**
　動詞の後に助詞「得(de)」を伴い、その後に形容詞などを置き、動作・行為の様態を表します。
(例) 今天我起得很早。(今日私はとても早く起きました。)

②**程度補語**
　形容詞の後に「极了」「得很」「死了」などをつけて、「非常に」「極めて」という「程度」を表します。
(例) 最近忙极了。(最近とても忙しい。)

③**結果補語**
　動詞の後に動詞や形容詞を置いて、その動作・行為の結果を表します。
(例) 我看完那本书了。(私はあの本を読み終えました。)

　多くの形容詞が結果補語になりますが、動詞は限られています。結果補語となる代表的な動詞には以下のようなものがあります。

| 到(dào) | ある地点まで到達する、ある時点まで続く、目的を達成する |
| 懂(dǒng) | ～で理解する、わかる |
| 见(jiàn) | 視覚や聴覚で感じ取る |
| 会(huì) | できる、習得する |
| 完(wán) | ～し終える |
| 成(chéng) | ～になる、～にする |
| 在(zài) | ある場所に落ち着く |
| 住(zhù) | 止まっている、固定する |
| 走(zǒu) | もとの場所から離れる |
| 着(zháo) | 結果・目的が達成する |

④**方向補語**

動詞の後について、その動作が向かう方向を表します。
(例) 他带来了照相机。(彼はカメラを持ってきました。)

方向補語には単純型と複合型があり、複合型は単純型の「来」「去」に「上」「下」「进」「出」などをつけて構成したものです。方向補語は下記のようにまとめられます。

|  |  | 単純型 | |
|---|---|---|---|
|  |  | 来(lái)<br>〜来る | 去(qù)<br>〜行く |
| 単純型 | 上(shàng)<br>〜上る | 上来<br>上ってくる | 上去<br>上っていく |
|  | 下(xià)<br>〜下る | 下来<br>下ってくる | 下去<br>下っていく |
|  | 进(jìn)<br>〜入る | 进来<br>入ってくる | 进去<br>入っていく |
|  | 出(chū)<br>〜出る | 出来<br>出てくる | 出去<br>出ていく |
|  | 回(huí)<br>〜戻る | 回来<br>戻ってくる | 回去<br>戻っていく |
|  | 过(guò)<br>〜過ぎる | 过来<br>過ぎてくる | 过去<br>過ぎていく |
|  | 起(qǐ)<br>〜起きる | 起来<br>起きてくる |  |

\*「来」と「上」など組み合わさっているものが、複合型

動詞に目的語がつく場合には、目的語の位置はその目的語の性質によって変わります。対象目的語は「来」「去」の前にも後にも置けるのに対し、場所目的語は「来」「去」の前の位置にしか置けません。3級では、目的語と複合方向補語の位置関係が、よく出題されます。
(例) 他买回一本书来。(彼は1冊の本を買って来ました。)
　　他进教室来了。(彼が教室に入って来ました。)

⑤**可能補語**

「動詞+得(de)／不(bu)+結果補語／方向補語／了」の形で「〜できる」「〜できない」を表します。
(例) 这本书三天看得完吗？(この本を3日間で読み終えることができますか。)
　　七点以前我回得来。(私は7時までに帰れます。)
　　我吃不了这么多的水果。(私はこんなにたくさんの果物を食べきれません。)

⑥**数量補語**

述語の後に動作・行為の回数(前出の動量詞)や持続する時間(時量補語)を表します。3級の語順整序の問題では数量補語と目的語の位置関係についてよく出題されます。目的語は普通名詞の場合、「動詞+数量補語+目的語」の順となります。
(例) 我们踢了一个小时足球。(私たちはサッカーを1時間しました。)
　　目的語が代名詞の場合、通常「動詞+代名詞+目的語」の順となります。

## ●単文

単文とは1つの主部と1つの述部からなる文のこと。語順などに特に注意が必要な項目について整理しておきましょう。

### ＊疑問文

最も基本的なのは、文末に「吗（ma)？」をつける形式と、文の中に疑問代詞を用いて尋ねる形式（これらの疑問文は語順が平叙文と同じということを心に留める必要があります）。そのほかに、下記の疑問形式にも注意しましょう。

#### ①選択疑問文

可能性のある2つの答えを並列して、「还是（háishi)」で接続し、1つを選ばせる疑問文。「A还是B」「是A还是B」の形式があります。
(例) 他是老师还是学生？ （彼は先生ですか、学生ですか。）

#### ②反復疑問文

肯定と否定を並列して、そのうち1つを選ばせる疑問文。
(例) 你们去不去？ （あなたたちは行きますか。）

動詞が目的語を伴う場合には、目的語を肯定と否定の間に置くこともできます。
(例) 你看电影不看？ （映画を見ますか。）

#### ③省略疑問文

名詞や代詞などの後に助詞「呢（ne)？」をつけて尋ねる疑問文。
(例) 我的词典呢？ （私の辞書は？）
　　 我想看电影，你呢？ （私は映画を見たいのですが、あなたはどうしますか？）

#### ④追加疑問文

平叙文の文末に「是吗（shìma)？」「好吗（hǎoma)？」「行吗（xíngma)？」「可以吗（kěyǐma)？」をつけて尋ねる疑問文。
(例) 我也去参加晚会，可以吗？ （私もパーティーに出ていいですか。）

### ＊「是…的」構文

すでに行われた動作が「いつ」「どこで」「どのように」行われたかを、具体的に強調して説明する場合と、その説明を求める場合に用います。「是」は説明される部分の前に、「的」は動詞の後に置きます。否定形は「不是…的」になります。
(例) 他是在哪儿学的汉语？ （彼はどこで中国語を学んだのですか。）
　　 他是在中国学的汉语。（彼は中国で中国語を学んだのです）
　　 他不是在中国学的汉语。（彼は中国で中国語を学んだのではありません。）

口語では「是」を省略する場合もありますが、否定形では省略できません。

### ＊「把」構文

「把（bǎ)」構文とは本来、動詞の後ろに置かれる動作の対象を介詞「把」によって動詞の前に導き、「主語＋把＋動作の対象＋動詞＋動作の結果などを表す語」の順で、ある特定の対象に何らかの処置を加え、その処置方法や結果を表す文のことです。「把」構文が成立するには、下記の条件があります。
　①動作の対象が特定されているもの。
　②動詞の後ろに結果などを表す成分が必要。
(例) 他把这件事告诉我了。（彼はこのことを私に話しました。）

否定形の場合には、「不(bù)」「没(méi)」を「把」の前に置きます。動詞の前に置かないよう注意が必要です。また、助動詞も「把」の前に置きます。
(例) 他没把那件事告诉我。(彼はあのことを私に話しません。)

## ＊「被」構文 (受身文)

「AはBに〜される」と受身を表す文では介詞「被(bèi)」が用いられ、「A (動作を受ける者) ＋被＋B (動作を実行する者) ＋動詞句」の順で表します。介詞「叫(jiào)」「让(ràng)」も「被」と同様に用いられますが、より口語的な表現になります。また、「被」を用いる文では動作の実行者が省略できるのに対し、「叫」「让」の場合はできません。
(例) 那本书被人借走了。(あの本は誰かが借りていきました。)
　否定形の場合や助動詞は「被」の前に置きます。
(例) 那本书没被人借走。(あの本はまだ借りられていません。)

## ＊比較文

「AはBより〜だ」のように、2人あるいは2つの事物・状況を比較して、差異を表現する比較には下記のような言い方があります。

| A比(bǐ) B ＋形容詞 | AはBより〜だ |
|---|---|
| A比B＋还(hái)／更(gèng)＋形容詞 | AはBより、より〜だ |
| A有B＋形容詞 | AはBほど〜だ |
| A没有B＋形容詞 | AはBほど〜ではない |
| A跟(gēn) B 一样(yíyàng) | AはBと同じ |
| A跟B不一样(bùyíyàng) | AはBと違う |
| A跟B差不多(chàbuduō) | AはBとほとんど同じ |
| A不如(bùrú) B | AよりもBのほうがよい |

比較による差の量は補語として文末に置きます。具体的な数量以外に、差が小さい場合は「一点儿」、大きい場合は「得多」「多了」などを用います。
(例) 我比她高一点儿。(私は彼女より背がすこし高い。)

## ＊存現文

ある場所や時間に不特定な人や物が存在・出現・消失することを表す文で、「場所／時間＋動詞＋人／物」の順で表します。

存現文でよく使われる動詞には下記のようなものがあります。

| | | | | | |
|---|---|---|---|---|---|
| 存在 | 坐(zuò) | 座る | 挂(guà) | 掛ける |
| | 站(zhàn) | 立つ | 放(fàng) | 置く |
| | 蹲(dūn) | しゃがむ | 装(zhuāng) | 入れる |
| | 躺(tǎng) | 寝転ぶ | 插(chā) | 挿す |
| | 停(tíng) | 止まる | 贴(tiē) | 貼る |
| 出現・消失 | 来(lái) | 来る | 走(zǒu) | 離れる |
| | 出现(chūxiàn) | 出現する | 跑(pǎo) | 走る、逃げる |
| | 发生(fāshēng) | 発生する | 掉(diào) | 落ちる |
| | 搬(bān) | 引っ越す | 死(sǐ) | 死ぬ |

また、存在を表す場合には「～をしている」を表す助詞「着(zhe)」が、出現・消失を表す場合には、「～になった」と完了や実現を表す助詞「了(le)」が動詞の後に置かれることが多くなります。その不特定な人・物について述べる場合、通常数量詞がつきます。
(例) 椅子上放着一个书包。(椅子には1つのかばんが置かれています。)

## ＊連動文
　「去超市买东西 (スーパーに行って買い物をする)」のように、述語に2つ以上の動詞が連用される構造の文のことです。語順は基本的に「**主語＋動詞1＋目的語＋動詞2…**」のように動作の行われる順に並べていきますが、下記の点にも注意が必要です。
①「不(bù)」「没(méi)」「都(dōu)」「也(yě)」は、通常、前にくる動詞の前に置く。
(例) 他不来帮忙。(彼は手伝いに来ません。)
②「～した」を表す「了(le)」は最後の動詞あるいは文末につく。
(例) 我去商店买了一件衣服。(私は商店に行って1枚の服を買いました。)

## ＊兼語文
　「老师常常要求我们背课文。(先生はよく私たちに本文を暗唱するように言います。)」の「我们」は「要求」の目的語であると同時に「背课文」の主語も兼ねています。このような、前の文の動詞の目的語が、後ろに来る動詞句の主語の二役を兼ねている文を兼語文と言います。
　「～に(を)～させる」という使役や、「～してもらう、～していただく」という依頼の言い方をする場合などに兼語文が使われます。前にくる動詞が上記の意味を持つものになり、以下がその代表的な動詞です。

| 让(ràng) | ～させる | 叫(jiào) | ～させる |
|---|---|---|---|
| 使(shǐ) | ～させる | 请(qǐng) | 招く、頼む、してもらう |

　同じ「させる」でも、「使」の文は「让」「叫」の文と違い、兼語の後に来るものは一般な動作・行為よりはたいてい心の動きを表すものです。
(例) 这个消息使大家很兴奋。(この知らせはみんなを興奮させた。)

　「させない」「させなかった」を表す場合には、「不(bù)」か「没(méi)」を前の動詞の前に置きますが、「しないように言う」を表す場合には「不要(búyào)」や「别(bié)」は後ろの動詞の前に置かれます。
(例) 父母不让她晚上出门。(両親は彼女を夜は外に出しません。)
　　　老师叫我别看那本书。(私は先生からあの本は読まないように言われています。)
　また、「有(yǒu)」や「是(shì)」などを用いた兼語文もあります。
(例) 今天有朋友来看我。(今日、友達が私に会いに来ます。)

## ●複文

複文とは2つ、あるいはそれ以上の単文からなる文のことです。その単文の間には意味上密接な関連があり、接続詞や接続の役割をする副詞によって結ばれていて、主に下記のようなパターンがあります。

| | | |
|---|---|---|
| ①並列 | 既A,又B<br>又A,又B<br>一边A,一边B<br>一面A,一面B | Aでもあり、Bでもある<br>Aでもあり、Bでもある<br>AしながらBする<br>AしながらBする |
| ②連続 | 先A,再B<br>先A,然后B<br>…,再(又)B<br>…,才B<br>一A,就B | AしてからBする<br>AしてからBする<br>…してから、Bする<br>…して、やっとBする<br>AするとBする |
| ③累加(添加) | 不但(不仅/不光)A,<br>而且(并且/也)B | AばかりでなくBもする |
| ④対比 | 不是A,而是B<br>不是A,就是B | Aではなく、Bである<br>Aでなければ、Bである |
| ⑤選択 | (是)A,还是B<br>或者A,或者B<br>宁可A,也不B<br>与其A,不如B | Aするか、それともBするか<br>Aするか、またはBする<br>Aしても、Bしない<br>Aするくらいなら、Bするほうがいい |
| ⑥逆接 | 虽然A,但是(可是)B<br>尽管A,但是(可是)B | Aだけれども、Bする<br>たとえAでも、Bする<br>Aにもかかわらず、Bする |
| ⑦因果 | 因为(由于)A,所以B<br>既然A,就B | Aなので、Bである<br>Aである以上、Bである |
| ⑧仮定 | 如果(要是)A,就B<br>即使(就是)A,也B | もしAならば、Bする<br>たとえAでもBする |
| ⑨条件 | 只要A,就B<br>只有(除非)A,才B<br>不论(无论)A,也(都)B<br>不管A,也(都)B | Aさえすれば、Bする<br>Aしてこそ、Bする<br>Aだろうと、Bである<br>Aだろうと、Bである |

# 間違えやすい簡体字ドリル

日本人の受験生が特に書き間違いをしやすい簡体字を選びました。薄い字の部分をなぞって、しっかりと文字の形を覚えましょう。

※（　）内は対応する日本の漢字

| | |
|---|---|
| 厂 （廠） chǎng <br> [意味] 工場 | 广 （広） guǎng <br> [意味] 広い |
| 丰 （豊） fēng <br> [意味] 豊か、多い | 认 （認） rèn <br> [意味] 認める |
| 历 （歴/暦） lì <br> [意味] 経つ | 厉 （厲） lì <br> [意味] 厳しい |
| 发 （発） fā <br> [意味] 発送する | 让 （譲） ràng <br> [意味] (…に…を)させる |
| 乐 （楽） lè <br> [意味] 楽しい | 节 （節） jié <br> [意味] 記念日 |
| 价 （価） jià <br> [意味] 価格 | 观 （観） guān <br> [意味] 眺める |
| 冰 （氷） bīng <br> [意味] 氷 | 兴 （興） xìng <br> [意味] おもしろみ |
| 讲 （講） jiǎng <br> [意味] 話す、説明する | 关 （関） guān <br> [意味] 閉じる、止める |

| | | | |
|---|---|---|---|
| 刚 (剛) gāng<br>[意味] 堅い、…したばかり | | 识 (識) shí<br>[意味] 知っている、見分ける | |
| 护 (護) hù<br>[意味] 保護する | | 邮 (郵) yóu<br>[意味] 郵便の | |
| 极 (極) jí<br>[意味] 極める | | 远 (遠) yuǎn<br>[意味] 遠い | |
| 还 (還) hái<br>[意味] まだ、やはり | | 园 (園) yuán<br>[意味] 園 | |
| 备 (備) bèi<br>[意味] 備える | | 实 (実) shí<br>[意味] 真実、果実 | |
| 虽 (雖) suī<br>[意味] けれども | | 药 (薬) yào<br>[意味] 薬 | |
| 样 (様) yàng<br>[意味] 様子 | | 读 (読) dú<br>[意味] 読み上げる | |
| 离 (離) lí<br>[意味] 離れる、…から | | 笔 (筆) bǐ<br>[意味] 筆記具 | |
| 惊 (驚) jīng<br>[意味] 驚く | | 职 (職) zhí<br>[意味] 職 | |

| | | |
|---|---|---|
| 记 jì | 卡 kǎ | 决 jué |
| 阳 yáng | 论 lùn | 杂 zá |
| 丢 diū | 刚 gāng | 朵 duǒ |
| 后 hòu | 华 huá | 报 bào |
| 诉 sù | 张 zhāng | 找 zhǎo |
| 浅 qiǎn | 变 biàn | 具 jù |
| 务 wù | 衬 chèn | 衫 shān |
| 刮 guā | 软 ruǎn | 练 liàn |
| 录 lù | 闹 nào | 举 jǔ |

| | | |
|---|---|---|
| 轻 qīng | 炼 liàn | 咸 xián |
| 帮 bāng | 尝 cháng | 钟 zhōng |
| 铅 qiān | 凉 liáng | 换 huàn |
| 难 nàn | 热 rè | 烧 shāo |
| 袜 wà | 辆 liàng | 脸 liǎn |
| 做 zuò | 游 yóu | 裙 qún |
| 舒 shū | 睛 jīng | 筷 kuài |
| 矮 ǎi | 错 cuò | 跟 gēn |
| 德 dé | 懂 dǒng | 餐 cān |

著者

**柴森** Chai Sen

中国山東大学卒。北京大学修士課程修了。北京語言大学講師を経て来日。東京大学などで講師を務める。関心事は中国語教育法と中国語文法。著書に『初級を突破！中国語類義語使い分けドリル』(NHK出版)などがある。

絶対合格！
## 中国語検定3級 頻出問題集

著 者　柴森
発行者　高橋秀雄
編集者　原田幸雄
発行所　株式会社 高橋書店
　　　　〒170-6014 東京都豊島区東池袋3-1-1 サンシャイン60 14階
　　　　電話　03-5957-7103

ISBN978-4-471-27452-8　ⒸTAKAHASHI SHOTEN　Printed in Japan

定価はカバーに表示してあります。
本書および本書の付属物の内容を許可なく転載することを禁じます。また、本書および付属物の無断複写(コピー、スキャン、デジタル化等)、複製物の譲渡および配信は著作権法上での例外を除き禁止されています。

本書の内容についてのご質問は「書名、質問事項(ページ、内容)、お客様のご連絡先」を明記のうえ、郵送、FAX、ホームページお問い合わせフォームから小社へお送りください。
回答にはお時間をいただく場合がございます。また、電話によるお問い合わせ、本書の内容を超えたご質問にはお答えできませんので、ご了承ください。本書に関する正誤等の情報は、小社ホームページもご参照ください。

【内容についてのお問い合わせ先】
　書　面　〒170-6014 東京都豊島区東池袋3-1-1 サンシャイン60 14階　高橋書店編集部
　Ｆ Ａ Ｘ　03-5957-7079
　メール　小社ホームページお問い合わせフォームから　(https://www.takahashishoten.co.jp/)

【不良品についてのお問い合わせ先】
　ページの順序間違い・抜けなど物理的欠陥がございましたら、電話03-5957-7076へお問い合わせください。
　ただし、古書店等で購入・入手された商品の交換には一切応じられません。